法輪功的正念實踐

法輪功的正念實踐

瑪格麗特・特雷博士（Dr. Margaret Trey） 著

李凡 李正雄 張北 譯

Copyright © 2022 by Dr. Margaret Trey

版權所有。未經書面許可，不得以任何印刷或電子形式複製、掃描或發布本書的任何部分。儘管作者和出版者已盡一切努力確保信息的準確性，但雙方均不對書中的錯誤或出版後發生的變更承擔任何責任。

作者和出版者均未在本書中提供或從事任何醫療、治療或其它服務。本書的目的是介紹調查結果，並提供一般信息以支持您尋求身、心、靈健康。如果您需要治療建議或醫療方面的幫助，應向專業人士求助。對於據稱由書中信息或建議帶來的任何損害或損失，作者和出版者均不承擔任何責任。

出 版 者：Sibubooks LLC
電郵地址：sibubooks@gmail.com

譯　　者：李 凡　李正雄　張 北
封面設計：Kate Holehouse　曹秀蓉
封面攝影：Daniel Ulrich
版式設計：曹秀蓉
責任編輯：張 琳

Library of Congress Catalog Number: 2020916963
ISBN: 978-0-9972281-6-8　　E-book ISBN: 978-0-9972281-7-5
The Mindful Practice of Falun Gong: Meditation for Health, Wellness, & Beyond / Dr. Margaret Trey.
1. Mindfulness practice 2. Mind-body discipline 3. Integrative counseling 4. Self-care intervention 5. Spiritual practice. 1.Title.

目　錄

序　言　一 ………………………………… 希瑟‧馬特納博士 6
序　言　二 ………………………………… 約翰‧H. 考特博士 8
前　　　言 ……………………………………………………… 11
第 一 章　過渡 ………………………………………………… 17
第 二 章　入道 ………………………………………………… 30
第 三 章　普及、提振與寧靜 ………………………………… 45
第 四 章　對法輪功的迫害 …………………………………… 61
第 五 章　文獻回顧 …………………………………………… 72
第 六 章　法輪功研究之效果 ………………………………… 83
第 七 章　澳洲調查 …………………………………………… 93
第 八 章　法輪功修煉者 ……………………………………… 98
第 九 章　功法 ………………………………………………… 107
第 十 章　書面回答 …………………………………………… 121
第十一章　法輪功與非法輪功受訪者 ………………………… 134
第十二章　心勝於物 …………………………………………… 152
第十三章　在心理諮詢中結合法輪功 ………………………… 172
結　　　語 ……………………………………………………… 186
致　　　謝 ……………………………………………………… 191
徵引文獻 ………………………………………………………… 195
更新徵引文獻 …………………………………………………… 213
關於作者 ………………………………………………………… 215

序 言 一

希瑟・馬特納博士

撰寫這篇開場序言，讓我重溫了擔任瑪格麗特指導教授的喜悅。看到如此高水平的研究著作完成，總是令人非常欣慰；而見到它最終付梓，更讓人格外歡喜，因為這是一項如此出色且可信的研究。

約翰・考特（John Court）博士在下一篇序言中對這項研究的動態已經做了出色介紹，我就不再重複。我要著重確認的是：如此多的身心修煉被含沙射影、說成迷信，帶來不少困擾；而今《法輪功的正念實踐》以提供「社會事實」的方式遠勝一籌，肯定會給許多人提供認識法輪功的機會。

我自己在研究中曾首次通過瑜伽與放鬆的隨機比較試驗，對這二者緩解焦慮與紓壓的功效進行過考察。長期以來，瑜伽一直受到嘲諷、拒斥和輕視。現在，越來越多的證據顯示瑜伽具有多方面的強大功效，使之得到了應有的尊重和信任；就此而言，法輪功更加應該得到廣泛認可。

這項「澳洲調查」提供了驚人的證據，證明核心價值觀對於人類幸福安康的重要性——那些人性固有而深奧的要素，能夠使人獲

得並保持有意義的生活。同樣，我們每天都在努力從生活中獲取，使人與人、人與自己越來越疏遠，因而，精神層面的影響和信仰對人類的價值不可被低估。

瑪格麗特的研究顯示，法輪功為豐富個人生活提供了廣泛且深入的機會，即將他們的心靈和身體相關聯，而不是割裂，從而使人能夠為自己的生理、心理、社會、情感和精神健康負責。她的研究表明，法輪功以安全、可靠、令人滿意的方式——無需經過醫療和典型的治療過程，使得許多為身體、心理和慢性疾病所苦的人大為受益。

定力（用法輪功的話說是「無為」）、冥想入靜與心靈覺知，以及心態祥和、清心寡欲的力量往往受到低估，而這項研究卻展現出這些精神力量通過法輪功修煉給個體帶來的結果，從而提供了很寶貴的啟迪。

本書在呈現法輪功修煉的實證時不帶有偏見或成見，讓讀者自己去看、去了解法輪功可以為他們帶來什麼。

芭芭拉（Barbara）是澳洲調查的一位參與者和縱向隨訪者，本書對她有突出的特寫。芭芭拉說，法輪功讓她對於如何慈悲體貼他人有了深刻的體悟。修煉法輪功帶來的這一必然結果，既是我們每個人都可以嚮往的目標，也會是一項了不起的成就，因為他簡單卻充滿力量，涵蓋了我們為改變世界所能奉獻的一切。

希瑟·馬特納（Heather Mattner）
哲學博士，健康心理學家
南澳洲阿德萊德大學兼職副教授

序言二

約翰・H. 考特博士

我對這本書的興趣,從我擔任此項研究的指導老師、並依據科學標準協助完成這項可信的研究之時起,就已經開始了。

作為法輪功的觀察者而不是修煉者,我看到了在嘗試評估超個人[1]的健康管理方法時,存在真正的挑戰,因為這種方法是一種心理/精神的模式,很難適用傳統的科學標準。而在大量心理諮詢的基礎上,這項研究最終專注於個人和人際行為,這在一定程度上是可以依照研究者制定的明確策略去衡量的。

這項澳洲調查研究特意設立了一個非修煉對照組,結果顯示法輪功修煉組在一系列健康指數上有明顯優勢,這大大加強了研究的力度。我們不必對法輪功修煉者所報告的強大收益感到太過驚訝,因為這種修煉過程在許多方面與其它超個人和行為學的方法相似;而且他還有一些妙處,包括修煉不輟、各種策略、強調個人潛能和道德昇華,所以效力也得到加強。

由於受訪者是修煉者,不需要用經濟手段維持,他們也能定期

譯註 1:超個人(Transpersonal),意即靈性。

持續參與調查，這在諮詢中並不常見（儘管與僧侶和神祕主義者等各種宗教團體有相似之處）。這項調查是依據那些表示自己誠心實踐法輪功的修煉者，其結果令人印象深刻。考慮到法輪功的發展時間很短，人們所看到的事實是：即使在中國面對強大阻力，修煉法輪功的人數卻在短時間內大幅增長。

我們發現，「知識、愛、意義、和平、希望、超越、聯繫、慈悲、健康和完整」等基本價值觀是法輪功修煉者致力達成的目標。這些價值所強調的素質，與健康的人類適應能力相一致，並且是所有精神傳統所廣泛尊崇的。因此，似乎無須借助嚴格的宗教儀式，就可以習煉法輪功並從中受益。

在本書後面的章節中可以很清楚地看到法輪功與佛家和道家理念的關聯，這使其很容易被有東方宗教傳統背景的人們所接受。修煉可以貫穿個體的行為、思維、信念和人際關係等方面，進而使人對日常修煉更加投入。

這種環環相扣的提高方式也意味著對可能受益的人有一定約束。書中說明了幾個這類案例，特別是與嚴重心理疾病有關的，對讀者很有幫助。

作為一個來自西方宗教傳統的觀察者，我發現許多觀念的闡述方式存在重大差異。那些篤信《聖經》的人以及其它精神修煉的信仰者，會認可這裡所追求的個人和人際間的整體目標，但還同時繼續在個人與造物主的關聯中尋求生命意義。從對法輪功修煉的描述中可以很明顯地看出這一點：法輪功是內向型的；而西方宗教則是外向型的，旨在加強人與神的縱向關係，以及改善橫向關係，或者說與人類同胞、生命中重要的人的聯繫。在心理諮詢和精神指導方面廣為接受的寬恕治療原則，在本書中雖未直接提及，但應該已經包含在法輪功明確強調的無私和慈悲之中了。

但是，這些差異並不是決定性的關鍵問題；相反，它們提醒人們，在人類行爲成功改變的背後，必然有基本價值觀和信仰的力量。多數關於心理與精神影響的英文文獻都記載了針對西方傳統宗教團體的研究結果。然而，在過去二十年中，學界對於蘊含東方修煉觀念的超個人心理學方法顯示出濃厚的興趣。

這項精心記錄的研究就符合這一新興傳統，並表明科學的測量雖然不容易實現，但仍然是可行的，而且能夠探索那些帶來有益改變的重要特徵。作者在前言中說得很清楚，這本書起初是研究報告，因此在解釋科學數據時必定會有些艱澀難讀。

最後，這本書可被未來研究者用作資料、作爲一個跳板。與此同時，文字中也交織著更爲人性化的面向，那些親身經歷，爲修煉法輪功可以發生的有益變化提供了驚人的例證。

約翰・H. 考特（John H. Court）博士
南澳洲，阿德萊德

前 言

《**法**輪功的正念實踐》這本書是我十三年多心力投入的成果,也是「心靈提升」(Hearts Uplifted)項目的先導。該項目將持續研究所得的事實與寫作相結合,旨在探索法輪功對健康的功效,並通過講故事的方式,將那些被法輪功深刻影響和改變的人的親身經歷,栩栩如生地呈現出來。

本書主要呈現了「澳洲調查」的結果,即調查學員習煉法輪功修煉體系所體驗到的健身養生效果。當您閱覽本書時,有時會發現自己被知識性的東西包圍,有如濃雲壓頂。不過請記住,畢竟這原是一篇學術論文,經過一番努力才變成一本書。儘管如此,本書也包含了從後續縱向研究(「心靈提升」專題)中推知的材料,後者是通過修煉者的親身經歷來探索法輪功有益的治療功效。

《法輪功的正念實踐》與「澳洲調查」博士學位論文的不同之處,在於前者把一位修煉者通過修煉法輪功達到身心健康的旅程,穿插在研究結果中加以呈現。她是「澳洲調查」的第289位受訪者,和我於2009年在洛杉磯國際機場湯姆・布拉德利國際航站樓巧遇。雖說在法輪功修煉中沒有榜樣,但閱讀其他人的修煉故事,仍然有

助於我們在完善自己身、心、靈的歷程中得到啟迪。正是出於這種目的，《法輪功的正念實踐》以她的故事開場。

我第一次接觸法輪功是在 1997 年。當時，我正在接受緬甸僧侶的內觀禪修訓練，而我本身也練習瑜伽將近二十年了。作為自然保健顧問，我遵循著自然長壽和「全人身心靈」生活方式，當我的兄長向我介紹法輪功時，我自然對這門功法感到好奇。我發現法輪功對我整體身、心、靈的改善非常有助益。更重要的是，他含括了我一直在尋找的一切。

四年後的 2001 年，我開始將這項修煉及其修煉原則融入我的專業心理諮詢工作中。這是自然而然的，因為我本來就有興趣將精神修煉、冥想入靜與諮詢相結合。當時，我剛剛恢復了對主流社會的諮詢服務，在南澳兩個鄉鎮的兩家醫療中心擔任諮詢師。醫療中心提供免費諮詢服務；我的工作是為醫生轉介過來的客戶提供輔導支持。這一職位最適合進行整合諮詢。在時機適當且徵得客戶同意的情況下，我會在輔導期間介紹法輪功功法、打坐和/或其修煉指導。在實踐中我注意到，這樣的整合諮詢對於一些極具挑戰性的案例特別有助益。整合諮詢期程結束後，為確保這些客戶得到持續支持，我鼓勵他們擇一加入我在幾個鄉鎮的社區中心建立的四個煉功點。

有兩件值得注意的事激勵著我開始研究法輪功對健康養生的效果。第一個是申請當地社區補助金的決定。在阿德萊德法輪功學員的幫助下，我獲得了一筆社區資助，用來在當地郊區的一個社區中心協調一個心身健康養生項目，教當地居民學煉法輪功。這個項目得到了好評。如今，那個社區中心仍有一個煉功點。

第二件事是修煉法輪功後，我的遺傳性眼疾得到矯正。我患的這種眼疾折磨了我們家四代人。我在加拿大多倫多大學快讀完本科學業時，雙眼的視力下降到只剩 10%。當時，我在加拿大的眼科醫

生不願給我動手術，因爲我仍然能過「正常」的生活，並且英語和戲劇文學專業的學習成績都高於平均水平。畢業後，我不得不做右眼手術，這樣才能找到工作。後來我左眼也做了手術，右眼又做了兩次手術。經過這四次手術，其中一隻眼睛的視力已經下降到無法看書。母親的眼科醫師和我在澳洲的眼科醫師（他爲我做過三次手術）都告訴我，如果不採取任何措施，我的情況將會逐漸惡化。就這樣，視力低下、眼睛疲勞和未來視力狀況的不確定，成了我生活中不可分割的一部分。但是自從法輪功進入我的生活，我的眼睛狀況得到了改善並保持穩定。

加上我在整合心理諮詢實踐中取得成功，我開始對研究法輪功的健身功效產生興趣。2003 年，當南澳大學的心理、社會工作和社會政策學院首次開設心理諮詢博士課程時，機會來了。我申請該博士班並被錄取。2003 年 7 月，我滿懷熱情地踏上了法輪功的研究之旅。但是我很快意識到，不僅找到一位導師指導完成我選的研究主題是個難題，撰寫文獻綜述同樣令人生畏。儘管法輪功很受人們歡迎，但幾乎沒有任何調查法輪功對健康影響的學術研究。這段時間裡，我無意中看到了加拿大教授大衛・歐恩比（David Ownby）做的一些實地研究，對我的研究道路有很大的啓發和指導作用。

經過了沒有導師的三年，到 2006 年底，心理諮詢博士課程主任、年過七旬的約翰・考特（John Court）博士很仁慈地開始擔任我的主要導師，並幫助啓動了我的研究。考特博士 2008 年退休後不久，與我同樣對瑜伽和冥想入靜有濃厚興趣的希瑟・馬特納（Heather Mattner）博士繼任我的主要導師。多虧了這兩位貴人，他們非凡的眼光和推動使我的研究得以成形，並於 2010 年完成。

《法輪功的正念實踐》以澳洲調查的第 289 名受訪者芭芭拉・謝弗（Barbara Schafer）的故事開頭。這本書的目的是呈現澳洲健康

調查（Lau, 2010a, 2010b）中的主要研究成果，這是一項開創性的博士研究，而且是在中國境外、由西方學術機構主持完成的。這項被稱爲「澳洲調查」的研究，旨在了解修煉法輪功的人是否比不修煉法輪功的人更健康。它還描述了中國境外法輪功學員的群體結構特徵。本書中的「practitioners」（修煉者，又譯學員）一詞是指習煉法輪功的人，而不是通常所說的從事諮詢、醫療或其它專業的人員。

本書包括三個部分。第一部分包括芭芭拉的故事、什麼是法輪功，以及中國共產黨對法輪功的迫害。經過深思熟慮，我決定將有關迫害的內容單獨列爲一章——第四章。從表面上看，中共對法輪功慘無人道的迫害似乎與本書主要探討的法輪功健康效果，以及如何將其與心理諮詢結合的重點無關。然而，我相信讓讀者了解真相有其重要性。同樣，在做心理諮詢的知情同意程序中，我會向客戶簡要提到這個議題，以徵詢客戶對使用整合諮詢方法的同意和支持。這已經成爲我既定的諮詢服務協議條款。

本書的第二部分包括對法輪功研究及相關課題的文獻綜述、研究設計，並介紹了澳洲調查對象的健康報告、書面回答，以及法輪功修煉者與非修煉者的結果比較。本書的最後也就是第三部分，包括討論、建議、具諮詢師身分的本研究作者如何將法輪功與諮詢結合的案例；結尾部分敘述了正在進行的後續研究中所收集到的材料。

希望這本書能成爲未來研究者探究法輪功健身效果的跳板。對已經在專業實踐中將東方冥想入靜技巧與西方方法相結合的諮詢和保健人員而言，本書可以提供一些很有意思的見解。如果您還不了解法輪功，但對這門功法及其益處感到好奇，那麼讀這本書會使您對這種超常的修煉方法獲得一些了解。本書將幫助您從文化和養身的角度，了解法輪功這一身、心、靈修煉法門。如果您正面臨危機或生活的轉折點、正與心理諮詢師會面、正考慮採用自助方法、正

在尋找人生意義，或者只是對法輪功好奇，我都希望閱讀這本書對您的人生旅程有所助益。

筆者想說的是，儘管有許多神奇的祛病健身修煉故事（McCoy & Zhang, n.d.），但也要提醒，我們在法輪功修煉中不要尋找榜樣，因為真正的修煉全靠我們自己走出一條自己的道路。當然，許多修煉者的經驗鼓舞人心，他們堅定修煉法輪功的意志不可動搖。自 1999 年以來，成千上萬中國法輪功修煉者因信仰遭到關押和酷刑。有指控稱，中國共產黨一直在活摘、販賣法輪功學員的器官牟利（Cheung, 2016; Fernandez, Magnason & Gnaizda, 2012; Gutmann, 2014; Matas & Kilgour, 2006, 2007, 2009; Matas & Trey, 2012; Reynolds, 2015）。儘管受到中共政權 23 年的殘酷迫害，但中國和世界各地千百萬計的法輪功修煉者仍堅持自己的信念，走在完善身、心、靈的路上。當您閱讀本書時，就有人正相繼踏上修煉法輪功的旅程。究竟是什麼原因促使許多像芭芭拉這樣的人走上修煉之路並且堅持不懈呢？或許此書的內容可以給大家帶來一線光明、乃至希望，同時為這個問題提供寶貴的解答。

整本書中，我主要引用《轉法輪》一書，此書闡述這門修煉的核心教導，有時還會引用尊敬的法輪功創始人李洪志大師的其他書籍、文章和講法內容中的教導。由於我以前使用的是 Fair Winds 2001 年版（H. Li, 2001d，英文版），我將繼續引用這一版本。除了一些單詞和短句外，該版本與之前更廣泛發行的 Universe Publishing 2000 年版幾乎相同。

您可以從紐約曼哈頓的法輪大法官方書店「天梯書店」購買法輪功書籍，也可以從天梯書店網站（www.tiantibooks.org）、亞馬遜網站和世界各地的大書店購買。而所有書籍、視頻和其它著作也可以從法輪功的官方網站 www.falundafa.org 免費下載。由於互聯網的

動態性質,《法輪功的正念實踐》中的某些網頁鏈接,有可能在圖書出版後失效或更改。

讀者朋友們,如果您從頭到尾閱讀這本書,可能會注意到一些重複之處。請注意,這些章節是為喜歡跳讀不同章節的非線性讀者設計的。另外,請悉知,《法輪功的正念實踐》是從學術論文變成圖書的努力成果。書中許多徵引文獻可能會分散您的注意力,也可能會打擾您的閱讀,但這是為有志於在未來作相關研究的人準備的。本書並沒有想要分析法輪功教導的意圖,如果有所費心解釋某些概念,那只是為了講清某一點,且仍是按照這門修煉的指導而為,如有任何疏漏都是無意的。也請記住,書中的這些討論都是筆者(研究者)的個人理解和經驗。作為將法輪功與心理諮詢相結合的諮詢師,筆者自然希望與其他人分享經驗,並為可能對整合法輪功和心理諮詢感興趣的人提供建議,這一點在第十三章有詳細陳述。

最後,請將本書當作對法輪功健身功效的謙卑探索,並將它當作通往更高層次的墊腳石。只有親自閱讀展示法輪功完整核心教導的《轉法輪》一書,您才能獲得更博大的知識、體會更精深的洞見。因此,我邀請您親自踏上這一旅程,走出自己的路,並且換一種眼光看待事物,以獲得新的領悟。

瑪格麗特・特雷(Margaret Trey)
南澳大學心理諮詢博士
於南澳洲阿德萊德

第一章

過　渡

我們必須閉上眼睛，用新的方法去看……
這是我們與生俱來的覺悟，但很少有人將它付諸應用。

——古希臘哲學家普羅提諾（Plotinus）

洛杉磯，2009 年

這是 6 月 3 日的早晨。在墨爾本機場熬過漫長的延誤，我搭乘的澳洲航空班機終於在洛杉磯國際機場著陸。和我一起排隊等待辦理入境的旅客，不僅有同機的幾百名乘客，還有後面一架澳洲航空班機的乘客。我匆匆看了一眼手錶，還差幾分鐘就是去轉往紐約航班的登機時間了。我通過移民檢查，衝到行李傳送帶邊，拉出我的箱子，跑過海關出口，到達前往紐約班機的行李托運點。除了我之外，這兩架澳航班機上還有幾十名乘客要轉乘這次航班。「太晚了」——這就是我們得到的通知。前往紐約的澳航班機騰空而起，把我們一行人等丟在洛杉磯國際機場，汗流浹背，困惑不堪。

我和芭芭拉・謝弗（Barbara Schafer）的相識可以說是不期而遇。我們一同靠在澳航售票檯前，都想拿到下一班去紐約的座位。是命運把我們兩人安排到一起。我們乘坐不同的班機從墨爾本到達洛杉磯。由於在墨爾本延誤太久，我們的飛機都晚點了，但幾乎同時在

洛杉磯降落。憤怒的乘客在我們周圍擁擁擾擾，質問何時才能搭上下一班飛機。售票檯簡直成了我們的救生圈，我緊緊抓住售票檯，好像它能快點把我帶到紐約。人聲嘈雜，大家在混亂中爭吵不休。穿過一大堆伸出的手臂，我能看到櫃檯後面那位孤獨的職員，在顧客大聲要求之中極力保持著鎮定。突然，一位金色短髮的女子出現在我的身邊，她用清晰且熟悉的口音說，「抱歉，下一班航班是什麼時候？我必須去紐約。」我也附和道，「還有我，我也要去紐約。」幾十人嘈雜的聲音，讓那位航班職員難以招架。

在我們抓緊「救生圈」、等待向航班職員提問的機會時，芭芭拉和我開始了初次交談。她和我一樣，去紐約是為了參加同一個會議。她從墨爾本來，而我則來自阿德萊德。雖然我們來的時候乘坐不同班機，但明天卻能夠坐同一班機前往紐約。只可惜當天已經沒有空位，如果不想第二天走，就只能坐不同班機半夜到達！我心裡琢磨著，是和這位新夥伴一起走，還是自己走。職員的問話打斷了我的思考，「你覺得這個辦法怎麼樣？」「還有其它選擇嗎？我們想一起走。」「我可以把你們都安排在明天的班機上。」不約而同，我們都接受了這個選擇。我耐心地等待著職員準備好登機手續，當時也沒想到當晚會發生什麼。

當晚芭芭拉和我在同一家旅館過夜。我們決定在旅館餐廳一起吃飯。飯桌上我告訴她，自己是澳洲法輪功健康功效的調查研究人員。這是一種中國的冥想入靜和精神修煉方法。這項網上調查由南澳大學主持，收集的樣本來自 590 位參與者。這項研究是我在心理學院的心理諮詢博士論文的一部分（Lau, 2010a, 2010b）。芭芭拉高興地說，她也填寫了問卷。我點頭笑著感謝了她的參與。一開始我們只是輕鬆地聊天，直到我問了作為調查員最喜歡問的問題，「你

開始修煉法輪功了嗎？」於是她開始告訴我她的傷痛。這讓我回想起這項調查中收到的第 289 號問卷。

第 289 號問卷的參與者是一位法輪功修煉者。她從複雜的健康問題以及眾多症狀中完全康復。在書面回答中她寫道，她曾經昏迷八天，遭受多種創傷，包括頭部骨裂、脊髓液漏出、面頰骨、鼻子、頜骨、手腕、右側膝蓋等多處複合性骨折。此外她還有其它病痛。我一直對第 289 號問卷心存好奇。由於澳洲調查是網上匿名問卷，我無法了解這一受訪者的身分。因此，能和滿面笑容、神采奕奕的第 289 號受訪者面對面坐在一起，我感到難以置信，甚至一開始不知說什麼才好。在當天耽誤行程的幾百名旅客中，和第 289 號受訪者從不同的起點出發，最後在機場售票檯摩肩擦踵，實在是命運使然。我的第一個念頭就是，「她不可能遭受過這麼嚴重的傷痛」。我注視著她，努力尋找創傷的痕跡。芭芭拉回望著我，我眼前是一幅身心健康、內在祥和的畫面。我忍不住半開玩笑地問她是不是第 289 號受訪者的孿生姐妹。然而，由於我本人受益於法輪功，並且聽過不計其數從嚴重疾病中康復的故事，我心中相信，一切都是可能的。

我的大腦急速地運轉著，啟動了研究人員的本能，也忘記了盤中美味的意大利麵。我好奇地詢問芭芭拉能否分享她的經歷。我一邊用叉子捲動意粉，一邊拋出一連串的問題。芭芭拉耐心地講述了她的經歷，油然流露出快樂和懷舊之情。我問道，「你怎麼會受這麼多傷？你是怎麼找到法輪功的？法輪功如何讓你重歸健康的？」隨著交談的持續，越來越多的問題浮現在我的腦海中。我們在餐廳坐了六個小時，一直聊到第二天凌晨，席間喝了不知多少杯檸檬咖啡。我的目光難以離開她的面容，耳朵不放過她說的每一個字，人

語聲、刀叉聲、杯觥交錯聲，都消失在背景中。作為一名法輪功健康功效的研究者，我被她的故事深深地吸引，幸好餐廳二十四小時營業。

這次事故改變了芭芭拉的一生。那一年她 50 歲，正享受著藝術生涯的快樂。她在波蘭出生長大，在那裡花了七年時間學習藝術，然後離開了這個共產國家到澳洲定居，一晃已經三十多年過去了。她在澳洲開設一間工作室已有二十多年。芭芭拉專心致志地關愛自己的事業，和許多澳洲移民家庭一樣，其間既有成就，也充滿艱辛。她熱衷於保護和修復歷史建築。她經常單獨工作，長時間獨自在高高的手腳架上，細心地修復古老建築上的壁畫和天頂畫等等。她的主要作品包括澳洲新西蘭銀行集團大樓，以及位於墨爾本繁華的格林街的 19 世紀英國、蘇格蘭和澳洲銀行建築，還有墨爾本議會圖書館。在這次事故的兩年前，她開始修復有 120 年歷史的本迪戈市政廳。憑藉她的經驗和藝術技巧，芭芭拉讓這些古老建築恢復了往日的榮光。

13 年前，2003 年的 11 月 11 日，芭芭拉正獨自在馬其頓東正教教堂工作，修復屋頂的一幅天頂畫。在短暫用過午餐之後，她剛剛回去工作，需要爬到腳手架上面的一個椅子上。她想，「噢，就只需一分鐘」，所以就沒有繫緊安全欄杆。當把手往外多伸出 1 寸之際，她失去平衡，頭朝下從 23 英尺（7 米）高處摔下。「我伸出手緩衝，最後聽到的聲音是我的頭撞到水泥地上。」芭芭拉說道。此後的事，她全不記得。她不知在冰冷的地上、在聖母瑪利亞的畫像前昏迷了多久。「我肯定在那裡躺了幾個小時。」因為她是 1 點鐘回去工作不久就摔下來的，而當她躺在醫院，已經過了下午 5 點。

芭芭拉說，她在一灘血水中甦醒過來。她意識到需要求救，而

離她最近的電話在教堂辦公室裡。奇蹟般地，她踉蹌地走了20米，打電話自己叫了救護車。當我問她是怎麼做到的，她搖搖頭說，「不知道，我就知道需要找人救助。」她接著說，「我右膝蓋向反的方向以及各個方向扭曲，只能非常緩慢地、一步一步地走。」我禁不住詢問，「難道不覺得痛嗎？」芭芭拉搖搖頭說，「我也不覺得害怕，我心裡很鎮定，就像從瀕死體驗中復甦。我就專注於一個目標，到達辦公室，打電話求救。」到了辦公室後，芭芭拉說，她把話筒從支架上敲下來，用一隻僵硬的手指撥打急救電話。「這可不容易，我覺得腦子裡有什麼東西在動。」她說，「後來我才知道，我的顱骨幾處骨折，鼻梁和鼻竇都被壓碎，上牙床有三處完全斷裂。我的雙手粉碎性骨折，露著骨頭。」當她描述著多處創傷，我心中充滿懷疑，覺得她怎麼可能自己起來走這麼遠打電話叫救護車。

我的內心翻騰著困惑，充滿了各式各樣的想法和問題，腦海就像受到海嘯衝擊。我極力試圖把這些信息拼湊在一起，並做出合理的解釋。我告訴自己，「一切都是可能的。我不是聽說過心靈的力量，以及『心勝於物』（Mind over Matter）的說法嗎？比如說，有一位母親在目睹孩子被汽車軋過，瘋狂地衝過去，使出超人的力量抬起汽車把孩子拉了出來。」

芭芭拉的聲音把我從內心的翻騰拉回到夜深人靜的餐廳。此時餐廳裡交談和杯盤的聲音已經止息。芭芭拉說，「我知道必須求救。」我一言不發，緊緊盯著她海藍色的眼眸，她的眼神融化了我的懷疑。我聽到她堅定地說，她命中注定要活下來，跨越這一難關，走上修煉法輪功的路。當救護車到來時，她還試圖走向救護車，讓救護人員大吃一驚。他們說服她躺在擔架上。「他們問我是否需要止痛藥，我說『不用』。但他們依然給我打了一針，讓我昏睡過去。」芭芭

拉笑著說，當時她看上去一定很糟糕，「手術之前，想用鏡子看看自己，但皇家墨爾本醫院的醫師拒絕了。」

我的思緒離開這個世界，甚至遺忘了周圍的環境，直到玻璃杯的聲音把我拉回現實。餐廳已經幾乎空無一人，只有酒吧服務生說，我們想坐多久都行。午夜已過，早上我們還要趕飛機去紐約。然而，我心中依然渴望聆聽整個故事——通過法輪功完全康復的過程。芭芭拉好意地答應繼續交談。我做過許多法輪功主題的訪談，但這次談話卻完全不同，毫無準備，完全即興。「法輪功消除了一切傷痛或麻煩，包括所有手術後的疼痛和併發症，並且幫助我完全康復。」芭芭拉說。在我們談話間，芭芭拉沒有一絲懷疑。她對她的信仰堅定不移。這一門修煉完全改變了她的生活，並給她帶來身體和精神的健康。

在我們談話之際，酒吧服務生走來走去，確保我們知道他的存在。我研究人員的本能再次啟動，拋出一個又一個問題。「你什麼時候開始修煉的？你是先看書還是先煉功？」芭芭拉的回答雖然一時緩解了我的飢渴，但隨即又挑起更多的困惑。「手術後七個星期，我先開始煉功。當時我還纏著繃帶，就像會走路的木乃伊。」芭芭拉用波蘭人的幽默回答了我。我帶著微笑試圖想像芭芭拉渾身包裹著繃帶——頭、臉、胳膊、手、指頭，還有膝蓋。我接著問道，「然後發生了什麼？」「讓我吃驚的是，我感到很好，難以置信。」芭芭拉睜大眼睛，好像依然無法相信。她面帶微笑，舉起雙手做著手勢，她強調地說，「天哪，我需要更多地煉法輪功。」雖然身體依然僵硬、行動不便，煉功消除了她長期的疼痛，鼓勵她繼續修煉。當時她不知道這種良好感覺能持續多久，但是她也不在乎，反正管用並解除了疼痛。她雖然勤於煉功，卻像是履行義務。儘管身纏繃

帶行動不便，但無論如何，煉功都好過吃止痛藥讓人昏睡的感覺。

正像她使用畫筆讓古老建築的壁畫重現往日光彩，一本奇特的書讓芭芭拉徹底康復（時值2014年夏）。這本書不但讓她身體復原，而且啟迪她找到生命的真正意義，把她引上一條新的人生道路。芭芭拉說，在修煉法輪功的經歷中，最為神妙的是當她閱讀法輪功的主要著作《轉法輪》之際。「在開始煉功兩週之後，我朋友告訴我，必須閱讀這本書！」一開始，她持懷疑態度。「事故影響了我的視力，我不明白為什麼必須讀這本書。」芭芭拉笑著說。但既然煉功已經減輕了她的傷痛，她覺得不妨聽取朋友的建議。由於事故造成她眼睛聚焦不準，第一天她讀得十分吃力，很難看清書上的字。但是她依然堅持下去，就像事故當天一步一步走到教堂辦公室打電話叫救護車一樣。

第二天，她發現視力改善了，也讀得快一些了。她讀完了第一講，開始閱讀第二講。她被書中的內容深深吸引，難以釋卷。等到第三天過去，奇妙的事情發生了。芭芭拉覺得好像有一種能量，像是強大的電流，從她的手指流向胳膊。「它消去了一切疼痛、手術後的問題——脊髓液洩露，甚至耳鳴。那是耳朵裡永不停止的奇怪轟鳴，就像是印刷廠的重型機械。這些都消失了，而且再也沒出現過。」在她話語停頓之際，我們兩人相視無言。她繼續說道，「當時，我知道奇蹟正在發生，但卻感到不可思議。」隨著她往下讀那本書，她明白了自己神奇康復的原因。

事故發生四個月之後，芭芭拉重新回到腳手架上，再次從事她熱愛的工作。在我詢問之下，芭芭拉堅定地回答，「沒有，我沒有害怕回去工作，也沒有恐高症。」同時，她還和丈夫一起參加了摩托車比賽。她輕鬆地補充說明，「只不過需要大一點的頭盔。」她

完全恢復了健康,並且開始從事修復本迪戈市政廳專案的第二階段工作。在事故之前,她曾經花了兩年時間修復這座建築的另一個房間。這一專案需要長時間枯燥地工作。不是「膽小的人能幹的差事」,芭芭拉說(Turnbull, 2010, p. 100)。她必須不厭其煩地把一層層古老的顏料刮掉,一層一層地展現原來的色彩和紋飾。如此複雜的工作讓她又花了兩年時間,其中大部分時間都在高高的腳手架上度過。她經常必須直立著修復大廳天花板上的華麗畫面或裝飾邊緣。

歷時四年,芭芭拉‧謝弗全部完成了本迪戈市政廳老議會大廳的修復,包括壁畫在內。她負責修復了有一百二十年歷史的主廳中細膩的貼金壁畫。2010年9月攝於澳洲維多利亞省本迪戈市。(David Field/Bendigo Magazine)

第一章 過渡 | 25

這位藝術家曾經從 23 英尺（7 米）高處摔下，在開始修煉法輪功四個月後完全恢復了健康，重返腳手架從事她熱愛的工作。她又花了兩年，讓本迪戈市政廳的另一個房間重現往日華麗。2010 年 9 月攝於澳洲維多利亞省本迪戈市。(David Field/Bendigo Magazine)

2013 年 5 月，紐約市

在洛杉磯會面之後，我和芭芭拉保持聯繫。在我遞交博士論文之後，她同意成為後續縱向研究的一個案例。這項研究旨在探索法輪功對健康的功效。我們計劃每六到八週溝通一次，如果必要則隨時溝通。我們互通電子郵件、視頻聊天，或面對面交談。芭芭拉每年都造訪紐約。我們相識四年之後，2013 年 5 月，又得以在紐約相見。

此時她創傷康復已經十年了。在曼哈頓東 47 街聯合國附近的哈瑪紹廣場，我和芭芭拉坐在長椅上。她頭天夜晚剛剛從墨爾本飛來，但依然容光煥發，穿著黃色衣衫的她如同一朵雛菊花。我問她有沒有感到時差，她搖搖頭回答說「一點都沒有」。然後她又笑著說，「來這之前，我早起煉功了。」這是一個晴朗可愛的春日，來自世界各地的數千名法輪功修煉者聚集在這個廣場，參加呼籲關注中共迫害法輪功的集會。從外表幾乎看不出芭芭拉所遭受的創傷，只有前額顴骨骨折處留有一道淡淡的痕跡。

在面對面採訪中，芭芭拉重申，她的身心健康完全來自於法輪功修煉。她回憶說，當初醫生對她完全恢復不抱任何希望。「他們把碎骨頭拼湊在一起，但是第一次手術後，脊髓液從我的鼻孔和嗓子後面滲漏出來。我能在嘴裡嚐到它的味道。」醫生為她做了第二次手術，卻只能止住鼻孔的滲漏，她依然能嚐到嗓子後面流出的脊髓液。此外，她時時刻刻感到劇烈的疼痛。夜間每隔兩小時，她丈夫就必須起來，給她背後、胳膊和手上塗抹可的松（cortisone）藥膏。然而這只能暫時緩解，過不了多久，疼痛就像復仇一樣緊追不捨。機器轟鳴一般的耳鳴，則讓她時刻不得安寧。當時她感到無助和絕望，完全不知怎樣找到出路。

醫生們對她說，她將永遠無法完全康復。「他們給我列出了一系列可能的後遺症，一共四頁紙這麼長。」她說，最難應付的是記憶減退。「有一次我去看醫生，從診所出來後，竟然不記得是開車來的還是坐公交車來的。我不記得自己的電話號碼，也找不到鑰匙。在尋找了半小時後，終於找到汽車。鑰匙還在點火器上，汽車發動機還開著，車子已經幾乎沒有汽油。」此後還有其它類似的經歷。「醫生說，我出門必須帶個筆記本，寫下所有信息——住址、電話號碼、要去哪裡、要做什麼事、什麼時候回來。醫生說，症狀會加重。這是最讓我害怕的，因為我無法控制。」

面對持續的疼痛、失去記憶的前景，以及四頁紙長的併發症清單，芭芭拉心想，反正也不會損失什麼，「我想應該試試法輪功」。令她吃驚的是，馬上就見到了效果。「以前從來都不相信會有這麼好的效果，試過才知道。」在事故發生十年之後，當我們在廣場旁邊一個小公園一起吃午餐時，芭芭拉對完全康復和身心健康表示永存感激。她笑著強調說，「我頭部沒有再疼過，自從修煉法輪功以後，再沒有頭疼過。」

芭芭拉幾次告訴我，過去六年間，她一直刻苦修煉，每天堅持煉功和學習《轉法輪》一書，從來沒有間斷。在搭乘飛機旅行時，不管航班多擁擠，她座位旁邊總是有一個空位子，讓她能夠用雙盤的姿勢打坐。「這已經發生 14 次了。」她高興地說道。在連續幾次面談之中，她和我分享了其它經歷，包括她作為藝術家、妻子、母親以及祖母的日常修煉體驗。自從開始修煉以後，她義無反顧，唯有讚歎法輪功的博大精深。「法輪功是我一生中收到的最奇妙禮物，不但奇妙，而且特別。」她還說，「自從開始修煉以來，我一直身心健康，為此我心懷感激。」

在世界法輪大法日遊行中,芭芭拉(右二)和墨爾本修煉者打著澳洲國旗。2013年5月攝於美國紐約曼哈頓。(攝影:Oliver Trey)

在等待法輪大法日遊行之際,芭芭拉與澳洲法輪功學員西蒙‧維雷沙卡(Simon Vereshaka)和迪恩‧福林(Dean Flynn)在一起。2013年5月攝於美國紐約曼哈頓。(攝影:Oliver Trey)

自從康復以來,芭芭拉非常願意推薦親朋好友修煉法輪功。「經過很長時間我才了解到,並不是每個人都有緣分,也不是每個人都像我一樣熱衷。」芭芭拉笑道。她接著說,「我從沒有喪失熱情,還會繼續向別人推薦。」每當遇到機會時,她就會告訴別人法輪功如何改變了她的人生。她經常參加墨爾本的法輪功活動,或者澳洲其它城市以及世界其它地方的活動。「我喜歡參加遊行——在澳洲和美國,向人們展示法輪功的美好和健康功效。」每當有機會,這位波蘭出生的澳洲人還會回到波蘭,參加當地的法輪功活動。「我覺得讓別人知道法輪功對我的益處是非常重要的。我希望所有中國人都能夠自由地修煉法輪功。」因此只要有機會,她就參加反對中共迫害法輪功的集會。

自從 2008 年開始連續六年,芭芭拉每年都來紐約,和來自全世界各地的法輪功學員一同參加曼哈頓舉行的遊行以及一年一度的心得交流會。因此,2016 年 5 月,我們又會有機會面對面交談,使我再次有機會通過修煉者的人生經歷研究法輪功的健康功效。

在澳洲日,芭芭拉走在天國樂團之前,手舉法輪大法學會的標牌。2016 年 1 月 26 日攝於澳洲墨爾本。(攝影:Lucy Liu)

第二章

入　道

在全世界，有億萬民眾通過修煉法輪功獲得了健康。「澳洲調查」（The Australian survey）的結果揭示了相同的現象：許多修煉法輪功的受調者反映自己通過修煉重獲健康，並且身心發生了深刻的變化。法輪功也叫法輪大法，他扎根於中國傳統文化，是一個古老的修煉法門，可以全面提升人的身體、思想和精神狀態（Falun Dafa Information Center, 2015a）。

自 1992 年傳出後，法輪功深受民眾歡迎。由於習煉者眾多，中共時任黨魁江澤民為了政治控制在 1999 年 7 月 20 日下令禁止法輪功，並發動了對中國法輪功學員的血腥鎮壓。據法輪功網站 www.falundafa.org 介紹，法輪功的主要著作和其他書籍已被翻譯成四十多種語言。今天，全世界估計有 7,000 萬到 1 億人在修煉法輪功，他們來自一百多個國家，從事各種各樣的職業。由於管理鬆散、沒有正式的登記信息，全球法輪功學員的確切人數難以核實，這也在某種程度上加大了研究者的工作難度。

在我們技術發達的現代社會，健康和養生對每個人來說都很重要。根據韋氏在線辭典的釋義，「健康」（health）意為「身體、思想或精神狀態良好；尤指無生理上的病痛」，或「身體的總體狀

中共從1999年7月20日開始對法輪功進行殘酷打壓。圖為中共迫害開始之前北京法輪功學員在展示第二套功法。（明慧網）

況」。牛津詞典將健康定義為「沒有病或傷的狀態」以及「一個人的精神或身體狀況」（2005, p. 801）。這些描述符合世界衛生組織（WHO）的定義，即健康不僅指沒有疾病或傷害，還指處於身體、精神和社交皆健康的狀態（World Health Organization, 2003, 2007）。養生（wellness）是指最佳健康狀態以及充分發揮個人在生理、心理、社會、經濟和精神上的潛能。對於一個團體來說，養生包括滿足家庭、社區、工作場所和社會的期望（B. J. Smith, Tang, & Nutbeam, 2006）。今天，養生這個詞已被廣泛接受：報紙、雜誌、健身中心、自助書籍和勵志演說家都接納了養生的概念和生活方式。

很多心理諮詢師意識到養生在諮詢中扮演著至關重要的角色，並認為養生的生活方式有助於獲得安康幸福（Hattie, Myers, & Sweeney, 2004; Jane E. Myers & Sweeney, 2005; Jane E Myers, Sweeney, & Witmer, 2000）。無論如何描述，養生體現的是：將身體、思想和

2014年11月8日,近六千名來自世界各地的法輪功學員在台北中正紀念堂前的自由廣場上展示法輪功五套功法。(攝影:Daniel Ulrich)

精神協調地融合在一起,在社區內實現更豐富的生活方式。養生是一個自發的、動態的、發展的過程;它是一種整體的生活方式,包含了自身的健康／身心安適,以及個體與社會之間的健康關係。

東方冥想入靜心身習練

目前,越來越多人繞過傳統醫學,通過東方冥想入靜 (meditation) 習練和其它替代方法尋獲身心健康。這一潮流在澳洲、美國和歐盟等西方國家尤為盛行 (Bishop & Lewith, 2010; Coulter & Willis, 2004; Frass et al., 2012; Kessler et al., 2001; MacLennan, P Myers, & Taylor, 2006; NCCIH, 2015; Xue, Zhang, Lin, Da Costa, & Story, 2007)。補充和替代醫學 (Complementary and alternative medicine,

CAM）包括補充、替代和綜合方法，它指的是「既沒有在醫學院廣泛教授，也沒有在美國醫院普遍使用的干預措施」（Eisenberg et al., 1998, p. 1569; Kessler et al., 2001, p. 262）。美國國家補充和綜合健康中心（NCCIH）把補充和替代醫學描述成「一些多樣化的醫療保健系統、實踐和產品，通常不被認為是傳統醫學的一部分」（NCCIH, 2009b）。獨立的非政府研究組織考科藍合作組織（Cochrane Collaboration）則將補充和替代醫學描述為用來治療或預防疾病，或促進健康和養生的各種健身方法、模式和實踐（Mamtani & Cimino, 2002）。

補充和替代醫學也包括心身醫學（mind-body medicine, MBM）或心身療法（mind-body therapy, MBT），它們使用「各種方法提升心靈的能力，以對身體功能和症狀發生影響」（Johnson & Kushner, 2001, p. 256; Pelletier, 2002, p. 4）。心身醫學被認為是一種「新醫學」，也是達到全面身心健康的生物心理社會精神途徑（Johnson & Kushner, 2001）。心身醫學的一個重要特點是自我關愛，這點必定會鼓勵人們對自己的健康負責。不管我們是否贊成，人們都在尋求補充、替代和綜合方法，越來越多的主流健康專業人員正在將這些冥想入靜習練和傳統的醫療保健系統結合起來，以滿足這些群體的需求。

心身醫學屬於心理神經免疫學（psychoneuroimmunology, PNI）這門新學科，而「心理神經免疫學」是很少出現在日常對話中的一個術語。1980年，美國羅徹斯特大學醫療中心的名譽教授、心理學家羅伯特‧阿德（Robert Ader）參與創立了心理神經免疫學——涉及思維（心理）、神經系統（神經）、免疫系統、健康交互影響的一門學科。運用心身醫學使健康得到改善的證據有很多（Jacobs, 2001;

Pelletier, 2002）。戈爾曼和古林（Goleman and Gurin, 1993）將心身醫學分為許多模式，比如利用思維來增強身體和情緒健康的冥想入靜和放鬆技巧。他們支持將心身醫學納入主流醫療保健，因為其成本更低，對身心造成的風險也更低，而潛在收益卻更高。雅各布斯（2001）發現精神在我們的身心健康中起著至關重要的作用，並相信「心勝於物」（Mind over matter）。

在美國，超過 30% 的成年人和 12% 的兒童採納補充和替代醫學或醫療保健方法，而不是主流的傳統醫學（NCCIH, 2008）。根據歐洲補充和替代醫學信息中心（EICCAM）的數據，大約有 40% 的歐盟居民採用補充和替代醫學方法。與此同時，補充和替代醫學在澳洲的使用也越來越多。一項全國性調查顯示，澳洲民眾在 12 個月內造訪替代醫學從業者的次數是 6,920 萬次（Xue et al., 2007），幾乎追平造訪主流醫生的 6,930 萬人次。結果還顯示，澳洲人同期在補充和替代醫學療法上的花費超過 30 億美元。另一項研究表明，在 2004 年，有超過 52% 的南澳人使用替代療法（MacLennan et al., 2006）；還有一項對阿德萊德（南澳城市）四家醫院裡的患者進行的研究表明，補充和替代醫學甚至在住院患者中也普遍使用：90% 的患者報告使用了替代療法，雖然大多數人沒將此事告知他們的醫生或護士（Shorofi & Arbon, 2009）。

美國有一項關於補充和替代醫學使用趨勢的全國健康調查。調查結果顯示，美國民眾在 1997 年造訪替代醫學從業者的次數為 6.29 億次（Eisenberg et al., 1998; He, 2011）。這一數字超過了傳統醫生的接診總數，十分具有啟發性。哈佛醫學院和其它醫療機構的研究人員報告稱，1997 年，美國人用於補充和替代醫學療法的花費高達 270 億美元（Eisenberg et al., 1998）；10 年後，8,300 萬美國成年人

自費近 340 億美元以獲取替代醫學治療（NCCIH, 2009b），包括諮詢、購買天然產品、參與課程等等。這項調查還顯示，有約 38% 的美國人在調查的 12 個月時間裡使用了某些替代療法。

在求助於補充和替代醫學時，美國民眾在自我保健項目上花的錢是占比最大的。他們把 35%（近 120 億美元）的錢用於諮詢，其它 65% 用於自我保健——其中 12%（41 億美元）用來參加瑜伽、太極和氣功等東方冥想入靜課程。羅傑斯、拉奇和凱勒（Rogers, Larkey, and Keller, 2009）將這些東方冥想入靜運動描述為心身療法，即一種將身體運動或姿勢與呼吸、放鬆和冥想技巧結合在一起的實踐。這些東方鍛鍊方法被歸類為心身療法或心身醫學（NCCIH, 2008），經常與其它方法如自我完善、自我保健技術或自我調節干預策略結合在一起使用。

冥想入靜（meditation）是應用最廣泛的心身療法之一（Mao, Farrar, Xie, Bowman, & Armstrong, 2007; NCCIH, 2008）。一份基於 2012 年全國調查的報告凸顯了冥想入靜運動的普遍性，大約有 1,800 萬美國成年人在習練冥想入靜（NCCIH, 2015）。廣義地說，冥想入靜是指人處於靜止狀態或專注於一種入定活動的行為或實踐，如聆聽呼吸、音樂或反覆誦念一個詞或咒訣。它包括幾個方面——處於靜止狀態，將思想集中在無物、一念、一個對象上，或什麼都不想。冥想入靜還可以包括放鬆反應、一種改變的意識狀態，或保持自我覺知的狀態（Perez-De-Albeniz & Holmes, 2000）。

習練冥想入靜相對簡單，也不需要任何昂貴的裝備，有一個坐墊或一把舒適的椅子就足夠了。但是，冥想入靜有多種形式，不同的修行門派對它們的習練有不同的定義，不同人對冥想入靜也有不同的描述。加拿大多倫多大學教授亞當·安德森（Adam Anderson）

研究過冥想入靜的好處，並稱之為是一種大腦鍛鍊。他說，「這就像訓練身體其它部位的肌肉一樣，你在提升你的大腦，以便更好地應對這個世界。」（引自 Easton, 2005, p. 22）在另一項研究中，一組澳洲研究員發現，即使在辦公室椅子上靜坐 15 分鐘，也能顯著減輕壓力（Melville, Chang, Colagiuri, Marshall, & Cheema, 2012）。

為健康負責

　　雖然一些私人保險公司會為某些補充和替代療法提供少量保險金，但大部分替代療法的費用都不在國民健康保險的支付範圍內。在大多數國家，人們需自負其責並經常自掏腰包。這反映出人們對補充和替代療法與東方冥想入靜習練的接受，以及他們願意為自己的健康負責。隨著醫療費用和社會壓力的上升，促進和保持身心健康已成為一項重大挑戰。所有健康專業人士和尋求幫助者都需要對各種身心實踐的效果有更好的認識和見解，以作出明智的選擇，為自己的健康負責。

　　雖然學練容易，但了解這些東方冥想身心習練的效果也是很重要的。澳洲的這份調查結果顯示，法輪功是對很多人都有積極作用的修習中的一種。眾多案例表明，習煉法輪功能使人們的病情得到顯著改善或完全康復。雖然芭芭拉和許多其他法輪功學員已經走上了健康之路，但對更多人來說，他們對法輪功的健身奇效知之甚少。由於中共當局阻撓國內外對法輪功的調研，蒐集相關信息十分困難。雖然西方出版了不少關於法輪功的文獻，但實際上很少關注法輪功的健身功效；那些報告聚焦中共對人權的殘忍踐踏，包括酷刑和活摘器官（Fernandez et al., 2012; Gutmann, 2014; L. Li, Director, 2014;

Matas & Kilgour, 2009; Stone, 2015）。與法輪功相比，人們通常更熟悉瑜伽、太極、氣功和正念禪修對健康的作用，因為關於這些修習的研究更多。因此，研究人員亟需開展對法輪功健康功效的研究。

目前，關於法輪功健身功效的學術研究還處於起步階段。除了筆者的研究（Lau, 2001, 2010a）和「心靈提升」（Heart Uplifted）專題之外，最近還有兩項關於法輪功功效的研究。其中一項在埃及蘇伊士運河大學完成（Yahiya, 2010），另一項來自加州大學洛杉磯分校（Bendig, 2013）。和澳洲調查一樣，這兩項研究的結果都顯示法輪功具有積極有益的功效。

將宗教／靈性與健康養生聯繫起來

從古典時代開始，宗教和靈性（spiritual，精神心靈）就與健康養生密不可分。從中世紀一直到 18 世紀，西醫、保健和宗教都是緊密相聯的。許多醫生隸屬於負責培訓和頒發醫生執照的宗教團體（Koenig, 2012）。同樣，在傳統的原住民文化、東方文化和中國文化中，身、心、靈是相通的；中醫的根基圍繞著身、心、靈不可分割的概念而發展。因此，身、心、靈達到平衡狀態才能擁有健康，達到療癒效果和身心的安適。

在西方社會，宗教和健康直到現代才被一分為二。在心理保健方面，精神分析學家西格蒙德·弗洛伊德很大程度上鼓勵這種分離（D'Souza, 2007; Koenig, 2012）。從那時起，健康專業人員認為宗教／靈性與諮詢和治療過程是分離的，許多從業者在他們的專業工作中對宗教和靈性問題猶豫不提，以防被視為涉足神職人員的領域。值得慶幸的是，人們對宗教／靈性與健康之間的正面聯繫有了

越來越多的認識和見解。越來越多的諮詢師、健康從業人員和教育工作者意識到將宗教和靈性融入這一助人行業的重要性（Canda & Furman, 2009; Cashwell & Watts, 2010; Cashwell & Young, 2011; Court & Court, 2001; D'Souza, 2007; Koenig, 2012; Robertson, 200）。 美國諮詢協會（ACA）的分支——靈性、倫理與宗教價值諮詢協會（ASERVIC）提出了九項精神能力來解決諮詢中的精神和宗教問題（ASERVIC, 2009; Cashwell & Watts, 2010）。坎達和佛曼（Canda, 2009; Canda & Furman, 2009）倡導並開創了精神靈性方面的社會工作框架，以一種整體的、且在文化上適當的方式解決客戶的精神問題。達蘇沙（D'Souza, 2007）則指出，醫生和其他醫療健康工作者需考慮和了解宗教和靈性如何對臨床干預產生有益影響。

這份澳洲調查是基於宗教／靈性和健康之間有關聯這樣一個前提，認同宗教／精神信仰和實踐對個人的健康和養生有積極影響；這也成了澳洲調查的框架。作為一門精神性的冥想入靜方法，法輪

2009年12月，印度卡納塔克邦鄉村學校 Sri Adichunchanagiri Mahasamsthana Math 的師生在煉法輪功，該校擁有二千多名學生。圖為部分煉功場景。（明慧網）

功同時包含了佛家和道家的法理，所以運用這個框架是合適的。

　　宗教／靈性與健康之間的聯繫自古以來就存在於東西方的文明之中。在東方，古代的修道者和修佛者為達到身心和精神的提升而採取了不同的修煉方法。他們中有許多人都追求健康、長壽和永生。在西方，人們相信奇蹟、祈禱，以及宗教與靈性對他們生活的重要性。蓋洛普民意調查一直顯示，超過90%的美國人相信上帝或神（Newport, 2011）。澳洲和美國的許多研究表明宗教／靈性和健康之間存在正相關（Coruh, Ayele, Pugh, & Mulligan, 2005; Haynes, Hilbers, Kivikko, & Ratnavuyha, 2007; Hilbers, Haynes, Kivikko, & Ratnavuyha, 2007; Koenig, 1999, 2004a, 2004b, 2007; Koenig & Cohen, 2002; Koenig, E., & Larson, 2001; Peach, 2003; Williams & Sternthal, 2007）。許多西方人認識到將宗教／靈性融入諮詢、社會工作和醫療實踐的必要性，並支持這一做法（Canda, 2009; Canda & Furman, 2009; Cashwell & Young, 2011; Court & Court, 2001; D'Souza, 2007; Haynes et al., 2007; Hilbers et al., 2007; Koenig, 2004a, 2007, 2012; Robertson, 2008）。約翰·考特和P. C. 考特例舉了澳洲原住民的困境、他們傳統文化的破壞，以及喪失原住民精神或原住民夢幻時光如何對他們的健康造成負面影響。兩位學者將宗教／靈性與健康的聯繫稱為「被遺忘的因素」，並提倡「調和一致」（Court & Court, 2001, p. 4）。如斯坦達德（Standard）、桑德胡（Sandhu）和佩因特（Painter）（2000）等人則將靈性視為這一助人行業的「第五種力量」（引自Cormier, Nurius, & Osborn, 2009）。十年後，加爾松（Garzon, 2011）重申了同樣的主題，即宗教／靈性是諮詢和心理治療中普遍存在的「第五種力量」。

　　「宗教」是指有組織的信仰，包括正式實踐、儀式以及促進與

2008年8月,印度班加羅爾一所天主教學校的女生和老師在煉法輪功的動功。(明慧網)

神明、上帝或高級力量緊密關係的教義;而靈性並沒有一個單一的、被廣泛接受的定義。靈性意味著一個人的轉變、有意義的體驗,或者尋求對生命更高的認知或答案——這可能是正規宗教修習中所缺失的。因此,「靈性」一詞的含義更廣,且對不同的個體來說有著不同的內涵。一些學者認為,靈性比宗教「更靈活、更包容、更個人化」(Haynes et al., 2007, p. 2; Hilbers et al., 2007, p. 1)。其他人像杜克大學靈性、神學和健康中心主任、這一領域的專家哈羅德·柯尼希博士(Dr. Harold Koenig)將靈性描述為「因與神聖、超然的聯繫而與眾不同——有別於人文、價值觀、道德和心理健康」(2012, p. 3)。靈性、倫理與宗教價值諮詢協會(ASERVIC)則將靈性定義為「一種對任何人來說都是內在的、獨特的能力和傾向。這種精神傾

向將個人引向知識、愛、意義、平和、希望、超然、相連、善、健康和完整」（2015, p. 1）。

因此，靈性和宗教並不是一回事。比如，一個人可以既是靈性的，即具有精神取向的，又是有宗教信仰的；或者只是靈性的，亦或只是有宗教信仰的。柯尼希指出，有90%就診者經常把自己描述為既具靈性又有宗教感的人。研究人員注意到，相比較而言，有更多的研究是關注宗教以及對宗教信仰的評估，而不是靈性（Koenig, 2004a, 2004b; Williams & Sternthal, 2007; Yeager et al., 2006）。根據作者接觸諮詢者的經驗，在治療互動中，「靈性」一詞通常更恰當、更被人接受、更具有包容性。它既不區分、也不把人分隔進不同的宗教團體。

但是，這兩個詞經常被當作同義詞使用。一些作家選擇將它們

1998年5月，一萬多名法輪功學員在遼寧省瀋陽市的遼寧展覽館前煉動功。（明慧網）

晨煉：中共鎮壓前，法輪功學員在長春地質宮博物館前煉站樁。（明慧網）

互換使用，或者不作區分，這也是為什麼法輪功在西方經常被描述為一種靈性修習或一種新的宗教或宗教法門。事實上，在19世紀中期以前，中文裡沒有「religion」一詞的對等表達，中國古代並不存在「宗教」的說法。在中國傳統文化中，精神哲學被簡單地稱為修煉、靈修或戒律，就像儒、釋、道三教所教導的。「宗教」一詞源於西方，在19世紀60年代末由日語翻譯得來（Ownby, 2005; Penny, 2012）。它是一個新造詞，日本人在19世紀晚期翻譯基督教文本時用它來表達「religion」之意（Adler, 2005; Penny, 2012）。

鑑於中國古代沒有「宗教」一詞，而法輪功植根於中國傳統文化，將其描述為修煉法門更恰當。此外，法輪功沒有教堂或寺廟，也沒有會員制、儀式或是與主流宗教相似的等級結構。

各項研究均表明，擁有精神或宗教信仰對人的健康有益。在悉尼威爾士親王醫院（POWH）進行的一項研究表明，宗教／靈性對那裡74%的病患來說很重要（Haynes et al., 2007; Hilbers et al.,

2014年3月16日,一個陽光明媚、沒有車馬喧囂的週日,印尼法輪功學員在雅加達街頭煉功,將法輪功的平和傳遞給這座繁忙的城市。(明慧網)

在印度班加羅爾,有八十多所學校教授法輪功。有些超過三千名學生的學校在體育課上教煉法輪功。2009年攝於班加羅爾。(法輪大法信息中心)

2007）。研究結果還顯示，超過 80% 的患者認為宗教／精神信仰對他們的健康有益，且在生病期間顯得尤為重要。據這些患者自述，宗教儀式以及宗教／精神實踐為病中的他們提供自我關愛支持、療癒、安慰、意義和情感連結。POWH 的研究表明，宗教和精神信仰在醫療保健決策中發揮著重要作用，可以成為患者的資源、應對策略或心理社會學的支持機制（Haynes et al., 2007, p. 1; Hilbers et al., 2007, p.27-28）。這些結論體現了參與宗教／精神信仰和健康之間的積極聯繫，與其它此類研究所得出的結果一致。

　　柯尼希認為，宗教／靈性提供「安慰、希望和意義，特別是在應對疾病方面」（Koenig, 2004a, p. 1195）。他回顧了大量宗教／靈性與更好的身心健康之間關係的研究，發現宗教／靈性能使人達到更好的健康和養生狀態，並與一系列積極的影響有關，例如，能降低焦慮和抑鬱、減少藥物濫用（Koenig, 2004a, 2004b, 2012）。其它的好處還包括更快的恢復、更低的自殺率、更樂觀、生活更有目標和意義、更多的社會支持、更穩定美滿的婚姻、不斷增強的個人能力、更積極的世界觀，以及應對生活中創傷事件時更強大的內心（Koenig, 2004a, p. 1195, 2004b, p. 78）。換句話說，有宗教和精神信仰的人往往壽命更長，生活方式更健康，擁有更好的應對技能和更強大的免疫系統，能更好地保護自己免受嚴重心血管疾病的侵害。

　　大多數研究的結果表明，宗教／靈性對於許多人的快樂安康非常重要，能起到平衡生活方式的作用。「澳洲健康調查」（Lau, 2010a）得到的數據與這些研究一致，表明法輪功與學員的健康之間存在正相關關係。

第三章

普及、提振與寧靜

「**為**什麼沒人早點告訴我有這麼好？」芭芭拉一開始煉法輪功時這麼想。但實際上，在發生事故幾年前，她已經聽說過法輪功。「我的一位朋友以前曾經告訴過我，但我告訴她我沒時間練這些。」（L. Smith, 2009）

2013 年 5 月在紐約和芭芭拉見面時，她開玩笑說，「我必須把頭摔了才能認識到他的價值。」就像許多法輪功修煉者一樣，她走上了法輪功修煉的道路，找到了身心的健康。

在 90 年代，法輪功是「深藏於中國的祕密」（Nania, 2013）。對於中國人來說，法輪功非常普及，能提振精神，而且祥和寧靜，但大多數西方人要等到 1999 年 7 月 20 日才聽說法輪功。這一天，中國共產黨發動了對法輪功的殘酷迫害，中共也在外國媒體上發動了反法輪功宣傳。

因此，「當時對於中國以外的人來說」，第一次和唯一一次聽說法輪功就是中共官方媒體編造的謊言（Nania, 2013, p. 2）。外國媒體也只採用中共的定義來描述法輪功，在國際社會中製造了對這一修煉方法的混淆和誤解，這些誤解甚至延續到今天。

法輪功是什麼？

在「澳洲調查」中，當法輪功修煉者被問及這一問題時，大多數受訪者（98%，351人）回答，法輪功是基於「真、善、忍」的高層次修煉形式。只有兩名受訪者回答是「一種氣功」，另外兩人回答「不知道」。沒有受訪者把法輪功歸類於宗教，道教或者佛教的分支。這表明，法輪功受訪者知道法輪功是什麼、不是什麼。法輪功文獻和修煉者的交流中更加常用「法輪大法」這一名稱，這也是更加確切的名稱。不過在搜索引擎和媒體中，法輪功則更常見。因此作者在本書中也使用後者。

那麼，法輪功到底是什麼？簡單地說，法輪功是一門古老的內修功法，在1992年向公眾傳出。他包括功法和「真、善、忍」的道德原則（Pullen, 2000）。法輪功基於中國傳統文化，最明顯的特徵是獨特的靜功打坐，以及四套以站立姿態完成的功法，動作簡單而平緩，使人樂於習煉。但是，法輪功並不僅僅是打坐和煉功，修煉者需要學習這一門修煉中的法理，並致力用他指導日常生活。

這一修煉的核心是「真、善、忍」價值觀。法輪功認為，這三項原則構成了宇宙的基本特性。如果能夠在生活中遵循這些原則，我們就能夠獲得身心健康，以及無窮的智慧。修煉人來自多種多樣的種族和職業，大多數都經歷了人生的蛻變。他們發現，修煉讓憤怒和抱怨轉變為寬容，焦慮和高壓轉變為寧靜，壓抑和無望則變為祥和與內心的平靜。修煉者力求做到慈悲、無私和容忍，他們尋求更加深刻的覺醒，以及對於自我和他人更加深刻的認識，最終達到真正的身心健康。這就是亞洲傳統文化中提到的「開悟」或者「得道」。

第三章 普及、提振與寧靜 | 47

歐洲法輪功學員在歌劇廳前習煉站樁。2000年攝於德國法蘭克福。（明慧網）

埃菲爾鐵塔前的集體煉功。2014年6月攝於法國巴黎。（明慧網）

中國武漢，五千名法輪功學員打坐排出「真、善、忍」三字。在1999年7月20日迫害開始前，這種大型公眾活動十分普遍。（明慧網）

益處

　　法輪功讓無數修煉者重歸健康，就如同芭芭拉一樣。法輪功的大多數文獻都記載了一系列的功效，包括減輕緊張和焦慮、提高體能和活力、改善身心健康，以及促進精神提升和覺悟。在法輪大法明慧網（www.minghui.org）上搜索功效，就能找到數千篇修煉法輪功後獲得巨大收益的真人故事。與此類似，澳洲調查也顯示，大多數習煉法輪功的答卷者都描述了修煉之後身心健康的改善。這項研究顯示，法輪功修煉人的生活質量高於非修煉人。

　　根據澳洲調查，法輪功幫助民眾從威脅生命的疾病中康復，包括糖尿病、心肺疾病、腎臟疾病、各種癌症和多種其它疾病，其種類之繁多難以列舉。然而必須指出，能夠像芭芭拉那樣獲得明顯康復的，都是認真堅持的修煉者。這一修煉方法激勵許多人走過來，

告別過去放縱的生活方式，例如酗酒、沉迷於犯罪、毒品或對個人名利的馳求等等。法輪功幫助許多人從瘋狂中冷靜下來，提升了精神境界、治癒了抑鬱症，並幫助他們保持積極正面的思想。

　　有些人慶幸自己不再每年感冒發燒或得流感，另一些人得益於減緩了焦慮和壓力。每一位法輪功修煉者都有自己獨特的情況和故事，每一個人的經歷都不同。澳洲調查顯示，幾乎所有法輪功修煉者都發現了新的生活樂趣。他們改善了身心健康及與親友的關係。和所有積極努力一樣，修煉者的收穫是他們付出的反映。例如，在矛盾中，法輪功修煉者努力向內找，優先考慮別人的利益，而不是憤恨和抱怨他人。當他們真正做到這一點，他們在任何困境中都會感到平和。通過這種修煉方式，修煉者學會與自己和睦相處，也與他人以及世界和睦相處。

　　對於芭芭拉來說，法輪功不但幫助她從事故中康復，而且在整個修煉道路上、在面對生活挑戰時，也不斷給她答案。這一修煉方式讓她以及許多人加深了對生命的認識，也讓他們對人生的意義、活著的理由，有了新的、更加覺悟的認識。不像其它門派，法輪功沒有教堂廟宇、會員費、加入儀式，也不講捐款或「什一奉獻」。修煉者只需要以自己的方式同化並採納其指導，就已在修煉之中。通過長期的學法和煉功，每個修煉人的理解和體驗都在昇華。從這一點來說，法輪功的修煉具有深刻的個體差異性，可以單獨修煉，可以集體修煉，也可以隨時離開。

法輪功人群

　　在1990年代，法輪功在中國廣為普及，吸引了各行各業數千

萬人前來學功，並多次受到中共政府的襃獎和官方認可（Falun Dafa Information Center, 2015a）。在 1999 年迫害開始時，中國人中每十三人就有一人修煉法輪功（Nania, 2013）。每天早晨上班之前，成百上千的法輪功修煉者聚集在中國主要城市的公園裡煉功。確實，在壓力巨大的現代社會，法輪功作為一門理想的功法，從眾多氣功中脫穎而出。

澳洲調查結果也顯示，海外法輪功學員背景各異，許多人都處在人生和事業的巔峰期。他們之中有許多人都是專業和職業人士，或者受過大學教育，並且來自於多種多樣的社會和種族群體。他們可能是藝術家、音樂家、科學家、醫生、大學教師、信息技術專家、政府高級官員、商業顧問、記者或者是大學生，其中既有高技能就業者，也有低技能就業者。

調查顯示，許多法輪功修煉者能熟練掌握第二種或者第三種語言；除了中國之外，大多數居住在西方世界的三大地區：大洋洲（澳洲和新西蘭）、歐洲和北美（加拿大和美國）。根據中共政府估計，到 1999 年，也就是向公眾推廣後的第七年，在中國有 7,000 萬到 1 億人修煉法輪功（Authors Unknown, 2002; Kilgour, 2013）。由於沒有正式的登記或者會員制，法輪功修煉者的準確人數難以統計。或許數字本身並不重要，真正打動人心的是芭芭拉這樣令人振奮的故事。她的自述和其他人的經歷，啟迪著人們反思自己的生活，而且最重要的是，促使他們改變了對法輪功的看法。

修煉

法輪功有兩個重要方面——修心和煉功。這二者之中，修心更

加重要。修主要指的是修心性，重點在於提升人的道德品質、提高心性，成為道德高尚的人。修煉屬於東方的傳統和概念。古人認為，通過嚴格的精神信仰，人可以最終超越凡人的生命，達到幸福與崇高的境界。這一身心的跨越，或者更高的境界，能夠使人擺脫短暫人世間的迷茫和痛苦的煎熬。幾千年以來，亞洲有多種不同的修煉方式，它們都有自己獨特的傳統和精神道路。不同門派的高層次師父將這些傳統傳授給深居茅廬或寺院中的門徒。儘管法輪功與這些門派有類似之處，但法輪功學員不會進入修道院或修女院。相反，他們在常人社會中、在複雜誘人的世俗環境中修煉。

在中國傳統語言中，「修煉」一詞有兩種含義。它由兩個字組成，「修」的意思是「去除不該有的」，「煉」的意思是「提煉」或者「錘煉」。因此，修煉意味著遵循道家或佛家教導而自我提升的行為或技藝。自修意味著通過自己的努力修煉的行為。古代中國深深植根於不同法門的修煉傳統，同時，中國歷史中也充滿開悟升天、修煉得道的傳說。八仙的故事就是中國古代修煉故事中最著名的一個。二千五百多年前，老子寫了《道德經》，成為道家各門派修煉的基礎。大概在同時期，印度的釋迦牟尼佛創立了佛教，後來傳入中國。這兩種東方古老修煉方法，以及孔夫子的教誨，成為中國許多身心修煉門派的基礎，包括武術和氣功。

修煉是中國傳統文化的重要方面，旨在修煉自己、提高道德境界，在放棄一切世俗的欲望和執著之後，最終達到開悟。修煉者遵隨一個靈修門派或者一位師父，走精神提升的道路，成為開悟之人；其目的在於過道德高尚的生活，通過修煉超出常人境界。根據古老的道家的說法，師父只向挑選出的少數弟子傳授功法和密修方法。然而法輪功向所有願意修煉的人敞開。法輪功包括心法和動作，但

重點強調心性，也就是說，修心、提高道德品質。因此，法輪功是高層修煉系統，帶動整個身、心、靈的提升。法輪功的核心是中國傳統價值，和儒、道、釋三家的傳統信仰體系相呼應；同時也和西方宗教包括基督教相呼應。法輪功教導要專修一個法門，直到在其中修煉圓滿。

可以說，法輪功要求修煉者從「世俗」跨越到修煉人的世界，並在生活中遵循「真、善、忍」原則；在修心方面，需要將法輪功的教導作為指南。雖然生活繁忙、要應對各種挑戰，許多法輪功修煉者都儘量經常學習法輪功的教導，通過這種努力，不斷獲得新的認識。而這些認識常常是對於日常生活的簡單見解，例如，如何變成更加和善、寬忍的人，在生活中做一個有道德的正直之人。最基本的部分包括不斷向內找、看自己的心；通過這一過程而覺醒，成為更好的人。除了道德和心性的修煉，法輪功弟子還通過煉功達到更加健康強壯的身體。有些人喜歡在家煉功，天氣許可時，有些人則喜歡在公園煉。

煉功

法輪功修煉還包括動功和靜功打坐。生活中最好的東西可能恰恰都是最簡單的。法輪功只有五套功法——四套動功和一套打坐。功法不一定一起煉，沒有順序、特定時間或地點的要求，也不講呼吸，因此非常適合於繁忙的現代人。每一套功法都有特定的目的和功效[2]。

第一套功法叫「佛展千手法」。這套功法煉三遍大約需要 10 分鐘，目的在於貫通身體中的所有經絡。根據傳統中醫理論，氣，或

2012年4月28日，澳洲阿德萊德維多利亞廣場的小型集體煉功。（明慧網）

者能量，在身體的經絡中流動。第一套功法同時打開體內所有通道，使身體能夠吸收能量，糾正一切不和諧的問題。第二套功法叫「法輪樁法」。這是有四個抱輪動作的站樁功法，一般煉30分鐘，每個動作大約7分鐘。這套功法幫助增加體能，提升身體的能量。

第三套功法「貫通兩極法」，通過融合身體內和外部宇宙的能量，達到淨化身體的目的。這套功法中，兩手在身體前，距離身體10公分，緩慢地上下運動。習煉三遍的時間大約9分鐘。這是幾套功法中用時最短的一套。第四套功法叫「法輪周天法」，習煉三遍需要12分鐘。這套功法帶動能量流運轉，調諧身體的不正常狀態。

第五套功法是打坐，叫做「神通加持法」。最好用雙盤方式打坐，

譯註 2：李洪志先生在《大圓滿法》一書中系統地講解了法輪功的特點，以及五套功法的功理和動作要領。

但是如果達不到雙盤，也可以用單盤方法打坐，可以坐在椅子上、凳子上等。這套功法讓內心寧靜，在定中增強功力。

根據李洪志先生《轉法輪》一書的描述，「坐來坐去發現腿也沒有了，想不清腿哪兒去了，身體也沒有了，胳膊也沒有了，手也沒有了，光剩下腦袋了。再煉下去發現腦袋也沒有了，只有自己的思維，一點意念知道自己在這裡煉功。我們要達到這種成度就足矣了。為甚麼呢？人在這樣一個狀態裏煉功身體達到了最充份的演變狀態，是最佳狀態，所以我們要求你入靜在這麼一個狀態。」（第八講）

法輪功功法有煉功音樂，音樂和教功資料都能夠在網上下載。中文：https://big5.falundafa.org/falun-dafa-video-audio.html

經常煉功雖然重要，但修煉心性並做一個道德正直的人更加重

2015年10月11日，澳洲法輪功學員在美國紐約州奧蒂斯維爾（Otisville）老兵紀念公園打坐煉功。（攝影：James Smith）

要。真正的好狀態是通過修心和修身二者而獲得的。也就是說，要想達到最佳的身、心、靈狀態，煉功必須和修心結合在一起。修煉法輪功者表示，修煉後得到身心健康與道德昇華，這是通過不斷修心性加上煉功而達成的。

描述法輪功

法輪功又稱為法輪大法，是中國古老的性命雙修功法。根據法輪功網站、傳單和信息冊的介紹，這一法門是上乘／高層次的修煉體系；法輪功能夠提升能量和活力，緩解壓力和焦躁，促進健康，最終達到精神上的開悟。很明顯，法輪功的身心健康功效是其迅速和廣泛普及的原因之一。

很少人知道，在 1990 年代，1999 年迫害開始之前，法輪功獲得過中共政府的許多褒獎。法輪功創始人李洪志先生從 1992 年開始將這一功法向大眾傳出。第二年，他在北京獲得「受群眾歡迎氣功師」稱號。同一年，中共公安部的官方報紙《人民公安報》上，一名官員稱讚李洪志先生弘揚中國傳統道德、促進社會的秩序、安全和道德（Falun Dafa Information Center, 2015a）。在政府舉辦的北京東方健康博覽會上，法輪功被譽為「明星功派」，並且在各功派中是「最突出的」（《轉法輪》第七講）。李洪志先生曾經五次獲得諾貝爾獎提名，還曾獲得歐洲議會「薩哈羅夫思想自由獎」提名，以及自由之家（Freedom House）頒發的國際宗教自由獎（Falun Dafa Information Center, 2015a）。

在 1990 年代後期，這一功法在中國迅猛普及，但是大多數西方人卻是在中共在全國發動對法輪功的迫害之後才第一次聽說。在

2009年4月13日,在印度德里的一個警官學校,一千多名學生在煉法輪功,這是他們課程的一部分。(明慧網)

1999年7月以前,幾乎沒有任何關於法輪功的系統記述,因此在迫害開始之後,很難找到介紹法輪功的資料。大多數西方媒體都直接採納了中共媒體的謊言。一些人因害怕或擔心在中國工作的簽證被取消而保持沉默,另一些作者和研究人員則臨陣磨槍,用自己的觀察、理解和學術傾向來描述法輪功。

那麼西方文獻如何描述法輪功呢?許多作家和研究人員把法輪功稱作氣功(Burgdoff, 2003; Q. Li, Li, Garcia, Johnson, & Feng, 2005; Lio et al., 2003; Lowe, 2003; Ownby, 2008; D. Palmer, 2007; Parker, 2004; Porter, 2003; Spiegel, 2002)。大多數人都認同法輪功是精神修煉和氣功法門、宗教、佛家氣功法門,或者中國精神運動(Bruseker, 2000; Burgdoff, 2003; Q. Li et al., 2005; Lio et al., 2003; Lowe, 2003; Ownby, 2000, 2003a, 2005, 2008; D. Palmer, 2007; Parker, 2004; Penny, 2003, 2005, 2012; Porter, 2003; Spiegel, 2002)。加拿大蒙特利爾大學歷史學教授大衛・歐恩比說,法輪功具有「高尚的品德」(Ownby,

2003b, p. 307）。《新宗教》期刊法輪功研討會認為法輪功是新的宗教運動（Wessinger, 2003），並且在2003年的《另類和新興宗教學刊》（*Journal of Alternative and Emergent Religions*）上發表了八篇關於法輪功的文章。愛恩斯（Irons, 2003）和波特（Porter, 2005）也把法輪功稱作中國的新宗教運動。

另一些人則把法輪功稱作文化運動（Gale & Gorman-Yao, 2003）、新時代精神運動（Ackerman, 2005），或者現代中國民間佛家習煉（Bruseker, 2000）。加州大學聖地亞哥分校的社會學教授理查德‧馬德森（Richard Madsen, 2000）則這樣描述法輪功：「與其說是一些人信仰的，不如說是一些人從事的。」（p. 243）人權觀察組織的研究顧問斯皮格爾把法輪功稱作氣功、古老的中國深呼吸訓練，或者靜坐體系，「熱衷者認為能夠促進身體、心理和精神健康」（Spiegel, 2002, p. 8）。埃及蘇伊士運河大學體育教育系的研究人員

在中共迫害法輪功以前，大型集體煉功在中國公園中十分普遍。1998年攝於四川省成都市。（明慧網）

把法輪功定義為「中國的一種古老技藝」，能夠促進從事日本柔道運動時的心理和競技技能（Yahiya, 2010, p. 2394）。

許多寫作者把法輪功和東方的其它精神性的冥想入靜運動做比較。熟悉瑜伽的人把它稱作「中國瑜伽」，熟悉動作柔緩的太極拳的人則認為法輪功是太極。還有些人把法輪功描述為許多方面的融合體。加拿大國際人權律師、《血腥的活摘器官》（*Bloody Harvest*）一書作者之一大衛・麥塔斯說，法輪功是真正來源於中國的，是「中國古老的精神和功法傳統的混合」（Matas, 2009, p. 2）。麥塔斯說，李洪志先生帶來了一個信仰體系，讓中國人產生真正的心理共鳴。

大衛・歐恩比（David Ownby, 2008）和大衛・帕爾默（David Palmer, 2007）都說，必須在氣功的範疇之內理解法輪功及其在中國的出現和發展。在1980年代，中國人對於健康養生的興趣迅速增長。在這個「氣功熱」時期，許多氣功師出來傳授各式各樣的靜坐和動功（Ownby, 2008; D. Palmer, 2007; Xu, 1999）。1990年代則標誌著氣功熱的收尾。這正是法輪功出世並通過口耳相傳在中國迅速傳播之際。此後，法輪功又傳播到全世界。1992年5月，李洪志先生最早在長春市以氣功的形式把法輪功向公眾傳出。他把氣功解釋為古老的修煉方法。「氣功只是為了符合現代人的思想意識起的新名詞而已。」（《轉法輪》第一講）氣功這個名詞是在1950年代初期出現的（Xu, 1999）。如今，氣功是一種通稱，囊括了眾多中國傳統門派、各式各樣的能量練習與冥想入靜運動。

在1992到1995年間，李洪志先生在中國舉辦了大約56次公開傳法教功的學習班，都是在中國氣功科學研究會的協助下舉辦的。很快，法輪功成了在中國最為普及的功法。從1995年開始，李洪志

第三章 普及、提振與寧靜 | 59

1999年7月在美國芝加哥，法輪功創始人李洪志先生為學員糾正煉功動作。（明慧網）

2012年5月6日，法輪功修煉者在美國芝加哥白金漢噴泉煉動功。（明慧網）

先生把這一法門傳向世界其它地方。他訪問了許多國家舉辦公眾講座，其中包括澳洲、加拿大、法國、德國、新加坡、瑞典、瑞士、台灣以及美國。

雖然法輪功在中國氣功熱期間出現，但卻不只是又一種氣功功法。根據李洪志先生的《轉法輪》一書，法輪功是「真正往高層次上帶人」（《轉法輪》第一講）的修煉體系。大多數氣功注重氣和祛病健身，法輪功則注重功以及成為道德高尚的人。氣和功之間有著顯著的區別。氣是生命力或者生命的能量，而功則是修煉得來的能量，是更高層次的能量。在初級入門著作《法輪功》中，李洪志先生把功解釋為「高能量團，是表現為光的形式的高能量物質，顆粒很細，密度很大」。這種功能夠促進身心康復和精神提升。

西方文獻中經常把法輪功描述成宗教或者中國的新宗教運動，其原因之一是功法的教材中包括了類似道家和佛家的語言。這一法門包括了宗教和精神內涵，例如提高心性和道德品質，但是相似之處也就僅此而已。法輪功與道教和佛教不同，法輪功修煉者不認為自己的門派是宗教。開始時，法輪功修煉者試圖向外人解釋法輪功不是宗教。但是近年來，他們不再辯論法輪功是不是宗教。他們認為，如果「宗教」一詞能夠幫助西方人更好地理解這一門功法，那就隨其自然吧。如果能夠讓交流更加容易，也就沒有必要再辯論，因為不同的個人和團體永遠會對法輪功有不同的解釋。

第四章

對法輪功的迫害

中共對法輪功的迫害，以及國際社會就關押在中國勞教所的法輪功學員和其他良心犯被活摘器官而提出的指控，是研究和撰寫法輪功議題最具挑戰性的部分。本書的重點是法輪功的美好、健身效果及其在整合心理諮詢中的應用，而中共對這一精神修煉法門的迫害，與本書的主題是相關的。鑑於這一部分已經被列入心理諮詢服務的知情同意條款，讓讀者了解中共對法輪功的迫害至關重要。

迫害的背景資料都被列入這一獨立章節。因此，作為讀者，如果您認為沒有急切需要，可以比較容易地略過本章繼續閱讀。對於那些渴望了解更多信息的人來說，「追查迫害法輪功國際組織」網站（www.upholdjustice.org）有更詳細的報告。喜歡看非法輪功學員撰寫的獨立第三方報告的讀者，可以看看大衛‧喬高（David Kilgour）和大衛‧麥塔斯（David Matas）（2006, 2007, 2009），以及伊森‧葛特曼（Ethan Gutmann, 2014）的實地研究。想要更深入了解活摘器官情況的人，可以觀看兩部獲獎紀錄片——《活摘》（*Human Harvest*, Lee, 2014）和《難以置信》（*Hard To Believe*, Stone, 2015）。

自1999年以來，中國法輪功學員一直面臨最嚴重的酷刑和迫害。

中共統治下的中國經歷了許多政治運動，例如1960年代的文化大革命和1989年的六四天安門大屠殺。然而，最殘酷的政治運動是對法輪功持續至今的迫害。那麼，為什麼這種廣受歡迎、提振人心且和平的冥想入靜煉習會在中國遭受迫害呢？簡而言之，有三個關鍵因素（Falun Dafa Information Center, 2015b）。

首先是他的廣受歡迎、快速的增長和龐大的規模，使中共一些領導人感到擔憂。第二個因素是意識形態上的差異。法輪功是扎根於中國傳統文化的內修功法，其修煉的主要指導原則「真、善、忍」，被通過暴力與腐敗獲取、維持和控制權力的共產黨視為意識形態上的威脅。第三個因素是中共前黨魁江澤民的個人欲求。

江澤民的角色

法輪功之所以遭受迫害，除了其一直受到廣大民眾歡迎的因素之外，還有一個主因是來自於一個人的嫉妒、恐懼和不安全感。許多中國專家指出，當時甫上任的中共黨魁江澤民是發動迫害法輪功的元凶（Falun Dafa Information Center, 2015b; Qi, 2012; The Epoch Times, 2004a, 2004b; Xie & Zhu, 2004; Young, 2012, 2013）。江氏意識到自己在政治局常委中的支持度不如其他同僚，於是仿效前任黨魁通過大規模政治運動的方式來維護權力。他急需一個目標，法輪功就是他找到的完美目標（Gutmann, 2009; Xie & Zhu, 2004; Young, 2013）。

在1999年以前，法輪功廣受中國民眾的歡迎，社會各個階層的人都知道法輪功。每天清晨人們上班前，都可以看到成千上萬的人在全國各地的公共場所習煉法輪功。1998年，中共國家體育委員會

的一項調查估計，中國大陸法輪功學員超過 7,000 萬人（Falun Dafa Information Center, 2008）。但是，由於法輪功沒有任何正式機構或組織，學員無需正式登記即可習煉，確切的人數無法統計。麥塔斯指出：「無論是何種信仰團體達到如此規模，都會引起專制政府的關注。」（2009, p. 2）

　　法輪功吸引了數千萬人習煉，不僅是因為他具有顯著的保健養生功效，還因為法輪功基於佛、道兩家傳統的修煉指導原則，在中國民眾的心中引起了深刻的共鳴。在 1989 年的六四大屠殺之後，這些傳統道德在許多人心中已經幻滅。三年後，法輪功以啟迪人心的獨立思想橫空出世，不但超越了中共的教條，而且與之對立。法輪功給人們帶來對更美好未來的希望。通過口耳相傳，法輪功快速地普及到中國城市和鄉村。

　　法輪功的受歡迎程度、發展規模，以及傳遍各個族群，令江氏將法輪功視為威脅。法輪功能夠吸引各行各業的人，並使大批人迅速集結，讓江感到權力受威脅。也許令江感到恐懼的是在法輪功追隨者中，有黨員、退休的高官以及軍官，包括中共高級官員的家屬。甚至江的妻子也早在 1994 年就學煉法輪功了（Qi, 2012）。

　　此外，法輪功沒有固定形式、也沒有組織結構的特性，使中共無法控制這項修煉或其追隨者。其實法輪功根本不需要加以任何控制，因為他既不參與政治，對政治也不感興趣。隨著該團體的受歡迎程度與知名度的提高，其與中共的關係也緊張起來。1996 年，中共宣傳部禁止了法輪功書籍的出版，因為其主要書籍《轉法輪》連續三個月成為全國最暢銷書。同年，中共向法輪功施壓，強迫其向學員收取費用並設立黨支部，法輪功因此退出了中共運營的氣功科學研究會（Falun Dafa Information Center, 2008）。到 1998 至 1999 年

初,警察阻擾法輪功學員在公園裡集體煉功,以及中共對法輪功的誹謗宣傳都升級了。

4・25 和平請願

1999 年 4 月 25 日(「4・25」)是法輪功歷史的轉折點。大批修煉者出現在中共北京總部中南海附近,按照慣例,中國各地的民眾都可以到這地方(譯註:國務院辦公廳信訪局)上訪,就個人、社會的不公事件或對政府的不滿進行申訴。因為先前天津警方逮捕 45 名法輪功學員事件,約 1 萬到 1.5 萬名法輪功學員聚集在這裡,進行了一場安靜和平的請願活動,要求當局為法輪功平反並承認他們修煉信仰的權利(Gutmann, 2009, 2014; Qi, 2012)。這群人秩序井然,對於這麼大規模的公眾集會來說是不常見的。修煉者們和平地來了,然後安靜地離開,沒有留下任何垃圾。他們很為別人著想,注意在生活中實踐修煉原則,凡事先考慮他人。

當時的中共總理朱鎔基與法輪功代表會談後,人群就散去了。朱鎔基向他們保證,政府不反對法輪功。他同意釋放被抓捕的天津法輪功學員。儘管如此,江澤民卻另有陰謀。根據邁克爾・楊的說法,「法輪功非常受歡迎,因為太受歡迎以致江澤民不喜歡」,江澤民抓住了這個機會,想要在 4・25 和平上訪事件後樹立自己的絕對權威(Young, 2013, p. 4)。在不安全感和恐懼的驅使下,他給所有政治局常委和退休的中共領導人寫信,指控法輪功和共產黨「爭奪群眾」,謊稱西方反華勢力是法輪功的幕後黑手,並要求召開法輪功問題緊急會議(Qi, 2012; Young, 2013)。江氏將 4・25 和平上訪定性為「圍攻中南海」,並以此為藉口在全國範圍內發動反法輪功運動。

據與中共高層官員接觸的消息人士透露，只有江氏一人希望發起迫害法輪功的運動，而政治局其他六名常委都反對江的處理方式。時任總理朱鎔基和全國人大常委會委員長喬石已經公開支持民眾習煉法輪功的權利。江卻視而不見，一意孤行地對這個和平的修煉團體進行打壓。為了系統性地執行對法輪功的迫害，江於1999年6月10日成立了類似「蓋世太保」的特殊組織——以其成立日期而被稱為「610辦公室」（World Organization to Investigate the Persecution of Falun Gong/WOIPFG, 2004）。「610」直屬中共政法委員會，執行政法委下達的消滅法輪功的所有指令（Matas & Cheung, 2012）。

4·25和平上訪事件三個月後的1999年7月20日，江氏在全國和全世界範圍內發動了反法輪功的運動。他宣稱要在三個月內剷除法輪功。如今這場迫害已經到了第23個年頭，還沒有結束的跡象，世界各國政府、外國媒體和國際社會為了與中共建立有利的經貿關係，幾乎都默認了中共對法輪功的迫害。麥塔斯（2009）指出，中共對法輪功修煉者的迫害，比對任何其他信仰群體成員的迫害都更為殘酷和嚴厲。江澤民為了迫害法輪功修煉者，甚至實施了三個政策，即「名譽上搞臭，經濟上截斷，肉體上消滅」（Qi, 2012; The Epoch Times, 2004b, p. 133; World Organization to Investigate the Persecution of Falun Gong [WOIPFG], 2004）。像希特勒的「蓋世太保」一樣，臭名昭著的610辦公室凌駕於法律之上，在江氏本人的直接命令下監督和實施對法輪功的迫害（Matas & Cheung, 2012; Qi, 2012; World Organization to Investigate the Persecution of Falun Gong [WOIPFG], 2004）。中共甚至賦予610辦公室「忽視和違反法律的權力」（Matas & Cheung, 2012, p. 69）。這意味著法輪功學員被關押期間遭到逼供、酷刑或強迫灌食而死亡時，那些警察或勞教所官員

並不會受到任何懲罰。

23 年的迫害

自 1999 年以來，成千上萬的中國法輪功學員遭到關押。據法輪大法明慧網統計，迄今為止，遭中共迫害致死的法輪功學員中能確定姓名的已有 4,800 多例。[3]這只是保守數字，實際死亡人數還不知道，很有可能要大大超出。已經掌握的數據顯示，有三種常見的死亡原因。首先是酷刑、毒打和強迫灌食造成的死亡。第二個原因是在勞教所因疲勞、營養不良和未受到照護而死，在那裡，法輪功學員每天被強制勞動長達 20 個小時。第三種死亡原因，也是謀殺法輪功修煉者最邪惡的方法之一，就是非法強迫活體摘取器官牟取暴利。

為了銷毀證據，警察和獄警經常把遭酷刑折磨致死的法輪功學員說成是自殺，而且在沒有經過正當程序或查明身分的情況下立即將屍體火化。法輪功學員被送往中國各地的勞教所非法關押，例如臭名昭著、被稱為「人間地獄」的馬三家勞教所。2013 年，一位美國公民在家裡拆開一包萬聖節裝飾品時，發現裡面藏著一封來自被關押法輪功學員的求救信，這封信正是從馬三家勞教所發出來的。這位學員親筆寫了 20 封信，請求收信的人將信轉給國際人權組織。

關於中共政權參與活摘法輪功學員器官出售給中國富人和不知情外國人以牟取暴利的指控也浮出了水面（Fernandez, 2012; Fernandez et al., 2012; Gutmann, 2014; Matas & Kilgour, 2006, 2007,

---

譯註 3：由於信息封鎖，尤其是中共掩蓋活摘法輪功學員器官的罪行，法輪功學員因迫害而導致的實際死亡人數遠超這個數字。

2009; Matas & Trey, 2012）。儘管受害者的人數難以核實，伊森·葛特曼在他的著作《大屠殺》（*The Slaughter*, 2014）中指出，從 2000 年至 2008 年，可能有超過 65,000 名良心犯（主要是法輪功學員）被殺害。

但是，追查迫害法輪功國際組織（WOIPFG）的一份報告顯示，法輪功學員被活摘器官死亡的人數可能高得驚人。該報告指出：「到 2014 年 9 月，進行了約 176,267 例腎臟移植、40,170 例肝臟移植、1,928 例心臟移植和 137,294 例角膜移植。」（WOIPFG, 2014, p. 1）在 2010 年之前，中國沒有自願捐獻器官的制度，也幾乎沒有器官捐獻者。根據 WOIPFG 最近的記錄，有 865 家醫院涉嫌活摘器官，到 2014 年 12 月，這些醫院中有 712 家從事肝腎移植手術，已經進行的肝腎移植手術約有 40 萬例（WOIPFG, 2015）。

針對這場迫害和嚴重侵犯人權的暴行，中國國內和海外的法輪功學員採取和平手段，曝光無辜民眾因信仰而遭中共非法迫害的真相，包括建立廣播、報紙和電視網絡，開發互聯網軟件以突破網絡封鎖和審查，以及出版《九評共產黨》（The Epoch Times, 2004a）。

法輪功持續受歡迎

儘管受到殘酷迫害，中國和世界各地的法輪功學員對他們的信仰仍然堅定不移。學員們繼續向世人講清真相，揭露中共對修煉法輪功、信仰「真、善、忍」的無辜民眾所犯下的罪行。雖然迫害已達 23 年，但這門修煉對人們的吸引力絲毫不減。在中國以外，台灣的修煉人數是最多的。2012 年，有 7,000 多名台灣法輪功學員參加

年度心得交流會,分享修煉的美好(Hedges & Trey, 2012)。類似的年度會議也在亞洲、澳洲、加拿大、歐洲、英國和美國的不同城市舉行。

多年來,紐約一直是全世界法輪功學員想要訪問的熱門目的地。2013 年 5 月,超過 8,000 名法輪功學員參加了在美國新澤西州麥道蘭體育場的伊佐德中心舉行的紐約修煉心得交流會。2014 年 5 月 13 日,來自 50 多個國家的 7,000 多名學員齊聚布魯克林巴克萊中心,參加第 18 屆紐約修煉心得交流會。當天是李洪志先生的生日,也是法輪功公開傳出 22 周年紀念日。為了讓更多世人得以見證法輪功群體的壯觀及其深受民眾歡迎,2014 年的紐約修煉心得交流會第一次改在上班日舉行。據英語明慧網(en.minghui.org)報導,來自 50 個國家的 8,000 名法輪功修煉者在紐約布魯克林的巴克萊中心召開了 2015 年 5 月的修煉心得交流會。

對許多人而言,法輪功強大的祛病健身功效,是吸引他們入門

2014 年 5 月,來自世界各地的學員在美國紐約聯合廣場集體煉功,圖為法輪功第二套功法。(明慧網)

的原因。由於個人健康和醫療狀況,許多像芭芭拉這樣的人決定嘗試法輪功。這些人不僅恢復了健康,而且他們的生活也發生了巨大變化。援引一位中國法輪功學員在 2012 年台灣法輪大法修煉心得交流會上的話說:「我感到自己獲得了新生,我整個身體都改變了;以前我的身體狀況非常糟糕。」另一位參加交流會的越南學員談到了這項修煉是如何「讓我們在態度、思維、理解以及人際關係上徹底地改變」。然後她繼續說:「在遇到的每一件事情時,我總是先考慮別人,考慮他們的感受、我會不會影響別人,我每天都在改變。」(Hedges & Trey, 2012)

1999 年法輪功遭受迫害之前,中國大陸的調查結果表明,絕大多數人在開始煉法輪功後恢復了健康(Authors Unknown, 1999, 2002; Dan et al., 1998; Wang et al., 1998)。各種文獻資料也說法輪功一開始吸引人的地方在於他的祛病健身功效(Ackerman, 2005; Kutolowski, 2007; Ownby, 2001, 2008; S. J. Palmer, 2003; Porter, 2003; Pullen, 2000; Wang et al., 1998; Xie & Zhu, 2004; Yang & Nania, 2001; Zhang & Xiao, 1996)。澳洲調查的結果也顯示出類似的正面回饋。有 31% 的法輪功受訪者表示,法輪功最初吸引他們的是其對身心健康的益處(Lau, 2010a)。

芭芭拉從 23 英尺(7 米)高的地方跌落,身上多處受傷,就這樣開始了她的修煉之路。她的頭部縫了一百多針,頭部、面部和手臂等處植入了許多螺絲、鋼板和金屬線。「我的牙齒鬆動了,需要戴牙套來固定。我的兩眼睛無法聚焦,看向不同的方向。我的左耳失聰,左手也失去了部分感覺。」芭芭拉說,「雖然我的脊椎骨奇蹟般地沒有斷裂,但脊椎液從我的腦袋裡面滲出。」她的女性友人——先前和她說過法輪功的那位友人再次建議她開始煉法輪功。

「這次我說,好,我有時間了。」芭芭拉說,「我感到非常痛苦。為了緩解疼痛,我必須每隔幾個小時服用止痛藥並塗抹可的松乳膏。我願意嘗試任何事情!」在朋友的鼓勵下,她開始煉習第一套功法,並立即見效。「我能感覺到有東西在身體裡動,強烈的麻刺感,彷彿身體裡的一切都在連通。一種溫暖、愉悅的感覺,太神奇了!」芭芭拉說,「我當時意識到,這是一種強大而特別的東西。」

法輪功之所以深受歡迎,在於它的強大功效。像芭芭拉這樣的驚人康復也發生在其他人身上。澳洲調查的結果顯示,法輪功學員從各種疾病和醫療狀況中恢復的經歷都很類似。在當今的互聯網時代,越來越多的人開始想要把握自己的健康。他們在尋找答案,而不是依靠醫生來滿足他們所有的健康需求。當他們有健康問題時,會在互聯網上搜索並尋找緩解病狀的方法。法輪功的官方網站(中

2015年5月9日澳洲學員舉行集會和遊行慶祝世界法輪大法日,遊行從悉尼海德公園開始,在中國城結束。(明慧網)

2012年6月，印度瓦拉納西，一位老師在夏令營期間向學生演示法輪功第一套功法。（明慧網）

文明慧網：http://www.minghui.org/mh/subsite/cat/90/index.html；英文明慧網：http://en.minghui.org/cc/17/）刊有許多人在開始煉功後恢復健康的自述，涵蓋了許多從重症頑症中康復的案例，例如膀胱癌、食道癌、晚期結腸癌、腦瘤、糖尿病和腎臟疾病等。

而今，中國的法輪功學員儘管持續受到迫害，卻仍然堅持自己的信仰繼續修煉。人們一旦親身體驗了法輪功的健身功效，他們會滿懷感恩，一直修煉下去。正如芭芭拉所說：「法輪功太神奇了：這是你無法用語言解釋的東西。」她建議即使興趣不大的人都去嘗試一下，因為如果不嘗試，就永遠不會知道。

第五章

文獻回顧

芭芭拉從 23 英尺（7 米）高處摔下，促使她開始修煉法輪功。在那以前，像我本人一樣，芭芭拉曾經練習瑜伽。她熱衷於藝術，奉獻於家庭，而瑜伽則幫助她在繁忙的生活中找到平衡。一些讀者也許嘗試過冥想、瑜伽、正念禪修或其它形式的入靜練習。不論是何種形式，我們大多數人都聽說或者讀到過「冥想入靜」（meditation）的效果。這一章會綜述一下冥想入靜練習的歷史和趨勢——它的角色、功效以及和心理輔導團體的關係等。可以看出，這些訓練對於身心健康都有所幫助。

談到冥想入靜，這可以有許多含義，包括靜思、放鬆、心裡什麼都不想，或者專注於一個念頭或物品，或者把思想清空，保持清醒、淡定或一種不同的神志狀態。現在，民眾可以學習許多冥想和入靜的方法，越來越多的人採用這些方法尋求身心健康。根據韋氏線上詞典，冥想入靜指「花時間安靜思考的行為或過程」。這一練習十分簡單，不分地點，不需要特殊或昂貴的器材，只要有安靜自然的場所就足夠了。對於法輪功而言，根據煉功的場所，只需要一個煉功墊，也許再加上一套耳機用來聆聽煉功音樂就足夠了。

冥想入靜這個術語包括多種東方「冥想運動」（C. E. Rogers,

Larkey, & Keller, 2009, p. 246）以及東方精神修煉門派。這些方法也被稱作身心技法，經常結合了肢體運動、姿勢，或者呼吸、放鬆等等。從 1970 年代以來，在心理諮詢行業中，越來越多的人採納了東方冥想運動和不同的修煉體系。由於對法輪功健康功效的研究十分匱乏，澳洲調查的文獻回顧包括了冥想入靜和其它東方冥想運動如瑜伽、太極及氣功的功效。

冥想入靜習練的歷史背景與趨勢

越來越多的心理諮詢人員、醫護人員以及其他保健職業者都認識到東方冥想入靜習練的康復效果（Atwood & Maltin, 1991; Bogart, 1991; Carpenter, 1977; Easton, 2005; Goleman, 1976; Marlatt & Kristeller, 1999; McCown, 2004; Ospina et al., 2008; Perez-De-Albeniz & Holmes, 2000; Schopen & Freeman, 1992; Shallcross, 2012; Singer, 2006; Walsh, 1989; Walsh & Vaughan, 1993, 20）。美國心理諮詢學會的會刊《今日諮詢》（*Counseling Today*）刊登過一篇文章，闡述了心理諮詢師和心理諮詢教育者已認識到把東方冥想入靜習練和西方心理諮詢結合起來的功效（Shallcross, 2012）。

這種跨學科結合並不新鮮。在過去 40 年裡，許多超個人（transpersonal）心理諮詢師和健康職業人士都探索過將東方冥想入靜習練和西方方法相結合。現在，這一趨勢在醫院、診所、社區中心以及療養勝地、溫泉、健身和保健中心等等都越來越普遍。

冥想入靜習練已經不再局限於極少數社會上層人士或尋求另類療法的嬉皮士。大多數人都知道——或是聽說、或是親眼看到過身邊有人從事某種形式的冥想入靜習練。在保持和加強身心健康、尋

求人生的意義等方面，人們已經更加能夠接受新的方式。諸多研究顯示，大多數人採納冥想入靜或者其它心身療法，並不是因為對常規的方法不滿意，而是因為這些療法的哲學和價值觀讓他們產生了共鳴（Astin, 1998; Gordon & Edwards, 2005; Wu et al., 2007）。儘管古代神祕主義者進行這些習練主要是為了修煉出世，但如今許多人將冥想入靜作為一種自我幫助、自我調節的策略，以實現身、心、靈狀態的整體改善。經濟上的考慮可能是造成這一趨勢的另一原因，這是由於人口的老齡化，以及許多冥想運動或是免費、或是比傳統的醫療服務便宜；而且與藥物或常規醫學治療相比，侵入性較小，副作用通常也較少。其他人則被其廣泛的心理和生理益處所吸引，這些益處包括積極的心態，例如淡定、安寧、歡樂與平和，這些都是生活在高壓下忙碌的人們所追尋的。

在心理諮詢和治療的傳統中，這些冥想入靜習練被描述為「深奧的傳統」（Carpenter, 1977, p. 394）、「東方心理」（Fadiman & Frager, 1994, p. 503）、「亞洲心理治療」、「亞洲心理」或「亞洲心理學」（Goleman, 1976, p. 42; Walsh, 1989, p. 547）。早在 1970 年代，冥想入靜就成為「超個人心理學」和心理諮詢不可缺少的一部分。沃爾什和方恩都把冥想入靜稱作「超越個人的皇家之路」、一種超越，或者「超越個人、涵蓋人類、生活、心靈和宇宙的更廣泛方面」的技巧（Walsh & Vaughan, 1993, p. 47, p. 3）。這些是關於冥想入靜增進健康並使個人超越自我的評價，都值得關注。

眾多研究探索了專業和醫療機構採用各種類型東方冥想的效果。一項綜述涵蓋了過去 25 年的研究，表明冥想入靜對老年人有益（Lindberg, 2005）。這些簡單、低成本或免費的東方冥想入靜習練有助於給人安慰、增強身心健康，乃至改善老年人的生活質量。而

在這方面，藥物治療則需要更高花銷，且常常產生不良副作用。對於住在療養院的老年人來說，冥想入靜有助於緩解他們的焦慮、減輕絕望、給予希望並增強自尊心（Lindberg, 2005）。另一組研究人員認識到，冥想入靜可以促進健康。他們回顧了有關持咒禪定、正念禪修、瑜伽、太極和氣功這五種東方冥想習練的400項研究（Ospina et al., 2008）。研究人員得出結論，關於冥想入靜的未來研究在設計、實施、執行、審查和呈現結果方面需要更加嚴格。

冥想入靜對專業人員的輔助

當冥想入靜最初於1970年代，在心理諮詢和心理治療中發揮效用時，專業人員主要關注的是其對於焦躁和身心壓力的作用（Marlatt & Kristeller, 1999）。他們建議把冥想入靜作為一種生活方式的改變，以求達到日常生活的和諧。一位作者提到，注重修善的佛教啟發他在心理治療和諮詢中採納冥想入靜（Carpenter, 1977）。1977年美國心理學會（APA）承認了冥想入靜在治療過程中的積極效果（Schopen & Freeman, 1992; Singer, 2006），這擴大了在心理諮詢和治療中應用冥想入靜的趨勢。到了1980年代，冥想入靜作為心理諮詢和治療的輔助手段被西方國家普遍採用，在心理諮詢行業中起到越來越大的作用。許多作者觀察到，隨著其功效被認識，越來越多的心理諮詢師、治療師和其他健康專業人士開始把東方的冥想入靜方法融入西方的專業實踐（Atwood & Maltin, 1991; Bogart, 1991; Carpenter, 1977; Goldberg, 1982; Goleman, 1976; Goleman & Gurin, 1993; Marlatt & Kristeller, 1999; Schopen & Freeman, 1992; Shallcross, 2012; Singer, 2006; Walsh, 1989; Walsh & Bugental, 2005）。

榮格和心理分析治療師們對冥想入靜提出了質疑，而超個人心理治療師們則堅持認為冥想入靜有益（Bogart, 1991）。超個人治療師們認為，冥想入靜功效巨大，讓反對在心理治療和諮詢中採納冥想入靜的看法顯得無足輕重。沃爾什和方恩（Walsh and Vaughan, 1993）說，在治療干預方面，冥想入靜對於治療師和客戶都有輔助和轉變的功效。他們說，入靜能夠培養寧靜的心態、加強同理心、帶動對心理過程和病理狀況的理解，從而提升對內心本性的洞察和超個人的體驗。舒彭和弗里曼進一步指出，冥想入靜可以代替心理諮詢「成為某些客戶的治癒或改變因素」（Schopen and Freeman, 1992, p. 5）。這兩人把冥想入靜描述為「薈萃療法」，能夠緩解緊張、引導放鬆，並促進從談話療法中獲得洞察力。這使得冥想入靜成為與醫師會面期間的有效自助技巧。

在西方培養出的醫生中，最先把冥想入靜和醫藥結合使用的是心臟科醫師赫伯特・本森（Herbert Benson）博士。這使他成為心身醫學（mind-body medicine，又稱身心醫學）的先驅者之一。他在美國波士頓的麻省總醫院創建了心身醫學所。本森是「放鬆反應」（Relaxation Response）的鼻祖，這是冥想入靜的一個科學定義。他的心身研究主要專注於冥想入靜如何在減輕和應對壓力方面扮演重要角色。心身治療領域的先驅者還包括瓊・波里森科（Joan Borysenko）博士——《身與心，修補內心》（*Minding the Body, Mending the Mind*）一書的作者，以及喬・卡巴-金（Jon Kabat-Zinn）博士，他是「基於正念的紓壓」（Mindfulness-based Stress Reduction，簡稱 MBSR）計劃的創始人（Shapiro, Schwartz, & Bonner, 1998），也是紓壓診所以及麻省醫科大學的醫療、健保和社會心理中心的創始人。他把冥想入靜融入到「基於正念的紓壓」計

劃之中，然而他去掉了其中的佛教背景，並融入了瑜伽的呼吸技巧。

與此類似的是羅素・達蘇沙（Russell D'Souza）博士——前墨爾本北方心理研究中心臨床試驗和焦躁症項目的主任，他在澳洲將信仰融入到精神病學和心理健康之中。達蘇沙（2007）闡述了信仰在心理治療中的正面效果，並就如何介紹信仰提供了建議。另一位先驅者是心血管外科醫師、作家和電視名人梅莫特・奧茲（Mehmet Oz）。奧茲（2003）把冥想入靜整合到心臟外科手術中，他表示最好的治癒方法經常在於內心。他引述的研究顯示了每天兩次冥想入靜 15 分鐘如何讓患者們在半年中間減少就醫、每人節約 200 美元。

冥想入靜的功效

許多研究都顯示出冥想入靜對身心健康有益。在緊張、焦慮、擔心、害怕的狀態下，冥想入靜有益於內心平和、恢復健康。現在，越來越多人採用冥想入靜方法來應對緊張及與之有關的健康問題。早些的研究顯示，冥想入靜在身體、行為和心理方面具有療效（Goleman & Gurin, 1993; Pelletier, 2002; Selhub, 2007）。冥想入靜的好處包括紓解焦慮、減少濫用藥品、調節激素和代謝、減緩心率、降低血壓、放鬆肌肉等（Delmonte, 1985; Perez-De-Albeniz & Holmes, 2000）。最近對 200 多篇文章的綜述也印證了冥想入靜對於減輕焦慮的益處（K. W. Chen et al., 2012）。冥想入靜的功效還包括提升積極的情緒和思想（Easton, 2005; Fredrickson, 2000; Lemonick, 2005; Wallis, 2005）、提高多巴胺水平（Kjaer et al., 2002）、改善大腦免疫功能（Davidson et al., 2003）以及調節體溫（Crombie, 2002）。

現在有更多的研究證據表明，經常冥想入靜能夠影響大腦的

可塑性、帶來大腦結構的變化（Lazar et al., 2005; Ricard, Lutz, & Davidson, 2014）；「神經可塑性」（neuroplasticity）能夠延緩衰老。在一項後續研究中，一組研究人員證明冥想入靜帶來了大腦結構的變化（Holzel et al., 2010; Holzel et al., 2011）。他們發現，受調者連續 8 星期每天練習冥想入靜 30 分鐘之後，在大腦和學習、記憶、自我感覺、同理心和壓力相關的區域，顯現出灰質密度的增加（Holzel et al., 2010; Holzel et al., 2011; McGreevey, 2012）。

赫爾策爾的團隊通過對比冥想 8 星期之前和之後的大腦核磁共振（MRI）掃描，發現海馬體灰質密度增加，這是大腦學習和記憶的區域。另一研究團隊發現，冥想入靜可以讓大腦通路重新連線，帶來身心健康的整體改善（Ricard et al., 2014）。這項科學證據表明，成人的大腦具有可塑性，可以通過神經可塑性過程發生改變。

有兩個概念支持冥想入靜的治療功效，一個是本森提出的放鬆反應（Crombie, 2002; Jacobs, 2001），另一個是沃爾普的交互抑制（reciprocal inhibition）原理。根據本森的研究，入靜帶來有益的心理狀態，他稱之為放鬆反應。這種入靜引起的放鬆反應有助於降低和調節血壓、代謝、呼吸和心率（Crombie, 2002）。

美國心理學家約瑟夫·沃爾普（Joseph Wolpe, 1958）提出了交互抑制原理，成為現代行為和自我調節技術的基礎。沃爾普提出一種假設：積極的反應可以消除或替換與之相反的消極反應，也就是說，健康積極的反應，比如冥想入靜，可以代替消極的情緒或者不健康的心理狀態（Bogart, 1991; Goleman, 1976; Goleman & Gurin, 1993）。例如焦慮、嫉妒、利己主義、自私和擔憂，都可以被積極健康的心態所代替，後者包括慈悲仁愛、幸福、睿智、快樂、正念、謙虛和開放的思想等等（Goleman, 1976, p.43-44）。

儘管冥想入靜有很多好處，但卻不一定每個人都能達到理想效果。它可能不適用於那些有嚴重心理健康和情緒問題以及頑固強迫症行為的人（Goldberg, 1982; Goleman, 1976; Schopen & Freeman, 1992）。同樣，法輪功的教導中提到一些禁忌，建議重病者應該就醫。這種功法不適合有精神病和其它嚴重心理健康問題的人，例如精神分裂症、雙相情感障礙（又稱躁鬱症）患者。他也不適合那些容易產生幻覺、精神錯亂和現實知覺扭曲的人。

　　《轉法輪》一書中說到，「精神病就是人的主意識太弱了。弱到甚麼成度啊？就像那個人老是當不了自己的家，這個精神病人的主元神就是這樣的。他不想管這個身體了，他自己老是迷迷糊糊，老是精神不起來。那個時候副意識、外來信息就要干擾他。各個空間層次那麼多，各種信息都要干擾他。何況人的主元神在生前可能做了一些不好的事情，還有債主可能要害他，各種事情都會出現。我們說精神病就是這麼回事。」（第六講）

　　如果一個人很難保持堅強的意識，就很難意識到自己在修煉。法輪功的修煉者必須知道自己正在修煉，因為修煉是修煉人的主意識。這就要求「主意識要強」（《轉法輪》第六講），要清醒。而患有嚴重精神疾病的人往往主意識較弱，通常無法保持清醒的正念。

其它東方冥想入靜習練的效用

　　澳洲調查的文獻綜述中，包括了對冥想入靜和類似東方習練，如瑜伽、太極拳和氣功功效的研究（Lau, 2010a, 2010b），這些習練有一個共同特點，即通過緩慢和／或有節奏的鍛鍊，包含了冥想入靜的成分。瑜伽是印度人的一種神祕生活方式，它是一種身心練習

（Atkinson & Permuth-Levine, 2009），主要包括三方面：姿勢、伸展與呼吸技巧，以及冥想入靜；太極拳和氣功則在西方越來越受歡迎。

如今，瑜伽經常被當作主流治療方法的輔助方法。許多研究表明，瑜伽對多種健康問題有積極的作用（Atkinson & Permuth-Levine, 2009; Author Unknown, 2009; Carson et al., 2007; K. Chen et al., 2009; Danhauer et al., 2009; Khalsa, 2003, 2004; Singh, 2006; C. Smith, Mattner [Hancock], Blake-Mortimer, & Eckert, 2007）。瑜伽對治療焦慮症、腕管綜合症、肌肉骨骼問題、增強自我意識和增強健康、緩解疼痛和紓解壓力都有效果（Girodo, 1974）。一項關於瑜伽和放鬆的隨機比較研究發現，瑜伽在減輕焦慮和壓力以及增強受訪者的總體健康狀況方面是有效的，其效果和放鬆大致相同（C. Smith et al., 2007）。一項對「隨機對照試驗」（Randomized controlled trial, RCT）的系統評價未能得出瑜伽效果的確切結論（Ospina et al., 2008）。不過，最近對隨機對照試驗研究進行的系統綜述發現，有證據支持瑜伽對於抑鬱症、睡眠障礙和其它心理健康障礙的療效（Balasubramaniam, Telles, & Doraiswamy, 2013）。研究人員指出，瑜伽似乎吸引了年輕、專業和受過教育的白人中產階層（Skoro-Kondza, Tai, Gadelrab, Drincevic, & Greenhalgh, 2009）。

各種研究表明，瑜伽和其它身心療法的使用與不同的社會人口統計學因素有關。這些因素包括年齡（Wu et al., 2007）、種族（Barnes, Powell-Griner, McFann, & Nahin, 2004; Wu et al., 2007）、高等教育水平（Astin, 1998; Barnes et al., 2004; Mehta, Phillips, Davis, & McCarthy, 2007; Upchurch et al., 2007; Wu et al., 2007）以及收入和就業狀況（Upchurch et al., 2007; Wu et al., 2007）。與男性相比，女性比男性更傾向於採用心身療法以及參加瑜伽和其它冥想入靜運動（Barnes et al., 2004; Mehta et al., 2007; Upchurch et al., 2007）。

太極拳是一種中國傳統的運動形式，將呼吸技巧與有節奏的、連續的、像似舞蹈的動作結合在一起（Sandlund & Norlander, 2000）。根據傳說，12 世紀的道士張三丰創編並發展了太極拳，將其作為一種自衛武術。太極拳通常被描述為一種運動中的冥想入靜或一種「冥想入靜運動」（C. E. Rogers et al., 2009, p. 246），涉及要求呼吸技巧和精神專注的緩慢運動（NCCIH, 2009a）。它根源於中國傳統道家哲學、陰陽理論和生命能量流。

如今，太極拳的修煉色彩已淡化，被改變成一種較受老年人歡迎的輕柔運動形式。它被認為是一種氣功形式，在中國、亞洲和世界其它地區的老年人中很受歡迎。太極拳通常被用作常規治療的輔助手段。許多研究發現太極拳對老年人具有療效（Hogan, 2005; Sandlund & Norlander, 2000）。其好處包括放鬆肌肉、改善平衡、更少跌倒、減輕焦慮和對跌倒的恐懼、增強柔韌性，並使得血壓正常、情緒積極。對 36 項隨機對照試驗進行的綜述發現，太極拳和氣功對老年人都是有益的。這 36 項研究涉及了 3,800 名受調查者。但是，這些研究缺失了對精神和健康的關聯的探討，而這是這些東方入靜習練的重要方面，並且在積極的老齡生活中起著至關重要的作用（C. E. Rogers et al., 2009）。

研究還表明，鑑於其潛在好處和低成本，太極拳可以改善生活質量、增強適應力，並為老齡人口節省醫療費用（F. Li, McAuley, Harmer, Duncan, & Chaumeton, 2001; Voukelatos, Cumming, Lord, & Rissel, 2007）。一些研究人員發現，太極拳是針對老年人花銷最低、最具成本效益的防摔計劃之一（Frick, Kung, Parrish, & Narrett, 2010）。這些研究的結果似乎表明，幾乎所有的老年人都可以從這

種輕柔運動中受益。

氣功是一種古老的中國自我修復藝術，被認為是傳統中醫的一個分支。它是一個通用術語，泛指不同流派和形式的中國傳統能量習練和冥想入靜修習。在 1980 年代的中國，人們對氣功作為保健養生方法的興趣不斷增長，許多氣功師開始在公共場合教授各種氣功（Ownby, 2008; D. Palmer, 2007; Xu, 1999）。

對氣功的研究表明，這種習練具有有益的效用和健康養生的潛能（Leung & Singhal, 2004; C. E. Rogers et al., 2009; Sancier, 1996, 1999）。在中國，圍繞氣功的功效進行過眾多調查，實證研究則很少（Sancier, 1999）。由於翻譯問題、研究細節有限，以及缺少合適的期刊，這些研究很少發表（Sancier, 1996）。而且，這些中國研究不符合西方科研標準。一位研究人員闡述說，衝突在於將西方科學研究模型應用於氣功研究，氣功是整體性的東方入靜習練，其基礎是無形的能量流動哲學，這超出了實證科學的範疇（Ai, 2003）。她提議將養生模型應用到未來的氣功研究中，以進行更全面的評估。

氣功的療效還包括緩解經前期綜合症、焦慮、疼痛和全身不適。對於「氣功對老年人影響」的隨機對照試驗研究的綜述表明，他們的身體健康得到顯著改善，而心理影響卻沒有那麼確鑿（C. E. Rogers et al., 2009）。儘管如此，節省花銷，包括減少個人和公共醫療費的潛力，仍然是氣功引人入勝的一個地方。由於它的健康益處和相對較低的成本，一些研究人員建議醫療工作者把氣功作為一項自我干預計劃向公眾推薦。在 2007 年奧普拉・溫弗瑞（Oprah Winfrey）主持的一場脫口秀中，心臟外科醫師和電視節目主持人奧茲博士用一種輕鬆的語氣說：「如果您想要健康、長命百歲，就應該練氣功。」

第六章

法輪功效果之研究

上一章中做了小規模的一般文獻回顧,提供了有關冥想入靜和其它類型東方冥想入靜習練的大量研究文獻。許多研究證明了這些冥想入靜習練的有益效果。由於有關法輪功對健康影響的實證研究很少見,因此檢視其他人在類似領域中的成果,有助於法輪功效益的研究。

目前,探索法輪功健身效果的研究仍處於起步階段。閱讀芭芭拉的故事以及其他人對法輪功健身功效的陳述令人振奮;同時,也有新的研究顯示修煉法輪功有積極的效果,了解這些新的研究也很重要。本章將再次引領您探索這些艱深的學術研究,但是,這一次只是就探索法輪功健身養生效果的研究提供一個概述。

法輪功議題的研究大致可分為三個階段。第一階段的研究是迫害發生以前在中國進行的健康調查。第二階段是自1999年中共對法輪功的迫害開始之後,在中國以外地區蓬勃發展的研究。儘管第二階段並不是著重於法輪功的健康效果,但大多數研究表明,法輪功的祛病健身功效是一開始吸引大眾的主因。法輪功研究的第三階段,或稱新興階段,則包括最近各大學主持的相關健康研究。

1999年以前,當法輪功在中國的廣傳達到鼎盛時,有人在中國

各地進行了幾次健康調查（Author Unknown, 1998; Authors Unknown, 2002; Dan et al., 1998; Porter, 2003; Wang et al., 1998; Zhang & Xiao, 1996）。這些健康調查展現了法輪功祛病健身的潛力，且學煉者來自社會各個階層（Authors Unknown, 2002; Zhang & Xiao, 1996）。受訪者中，年齡在 50 歲以上者超過 62%，且女性多於男性（Authors Unknown, 2002）。

中國調查的數據與其它地區的調查結果一致：採用心身療法的女性多於男性（Barnes et al., 2004; Lau, 2010a; Upchurch et al., 2007）。女性更願意接受心身療法與傳統醫學相結合所帶來的好處，並且更願意嘗試不同的事物（Upchurch et al., 2007）。同樣，蓋洛普（Gallup）七十多年的調查數據發現，女性比男性更鍾愛高層次的宗教、精神信仰；與男性相比，女性對於宗教和精神信仰更為投入（Gallup Jr., 2002; Winseman, 2002a, 2002b, 2003）。更多的女性傾向於採納心身療法、進行瑜伽和其它冥想入靜習練（Barnes et al., 2004; Mehta et al., 2007; Upchurch et al., 2007）。這些研究都呼應了參與法輪功修煉的人以女性居多的調查結果。

中國境內的調查

在迫害開始之前，中國國內有幾次大規模的健康調查。法輪功的快速發展和有益健康的功效，引來了醫學界和中國共產黨的關注和審查。1998 年，也就是迫害開始前一年，有幾家地方醫療機構的研究人員對法輪功的保健功效感到好奇。他們決定在北京地區、武漢、大連和廣東省分別進行五個健康調查。調查結果顯示，98% 受訪者的健康狀況有顯著改善（Authors Unknown, 2002）。

在所有受訪者（3.1 萬人）中，90% 以上的人報告說在修煉法輪功之前患有各種疾病，70% 以上的人修煉後「完全或接近完全」康復（Authors Unknown, 2002）。研究者對這樣的結果感到困惑，因為許多被調查者所患的病症，已經被醫生診斷為嚴重、難以治癒、有生命危險或是絕症，他們卻得以從這些疾病中完全康復。有 82% 以上的受訪者（超過 2.8 萬人）自述已完全康復，而且總體健康狀況良好。

在北京和廣州的調查中，87% 的受訪者表示他們的道德品質得到了提高（Authors Unknown, 2002）。他們的調查結論是，法輪功幫助受訪者達到了身、心、靈的全面健康。

中國的調查還強調了法輪功節約醫療保健開支的潛力。受訪者報告說他們的醫療支出減少了。這是一個令人深思的課題，因為人口老齡化以及醫療保健費用的上漲，使得民眾乃至整個國家都越來越關注此議題。

法輪功的祛病功效為許多中國人，特別是被診斷出患有重病和絕症的人點起了一盞希望的明燈。受訪者們說，在開始修煉後，他們的健康明顯恢復，而且也節省了保健和醫療費用（Dan et al., 1998; Life and Hope Renewed, 2005; Wang et al., 1998; Zhang & Xiao, 1996）。

根據中國健康調查的報告，法輪功受訪者每年節省的醫療總費用約 7,000 萬元人民幣（基於 2022 年 6 月的匯率約合 1,042 萬美元），每位法輪功受訪者節省了 2,600 元人民幣（約合 387 美元。Authors Unknown, 2002, p.6）。因此，來自中國健康調查的結果表明，法輪功對於個人和社會具有節省保健費用的潛力和經濟上的好處。但是，由於調查方法缺乏統一性，這些數據難以合併。

中國境外的研究

自1999年7月20日法輪功遭受迫害以來,再也無法在中國從事進一步的研究。法輪功研究的第二階段發生在加拿大和美國。1999年10月,來自加拿大和美國的法輪功學員團隊進行了中國境外最早的健康調查,為未來的法輪功健康研究奠定了基礎(Authors Unknown, 2003a, 2003c)。他們的研究結果為法輪功修煉人群的人口統計資料及法輪功的健康功效提供了引人深思的見解和信息。有關中國以外法輪功研究的概述,請參見本章末的表1。

這些較早的研究顯示,法輪功學員主要是中國人,西方人很少。例如,布格多夫(Burgdoff, 2003)的研究表明90%的受訪者是華裔,而勞(Lowe, 2003)的互聯網調查顯示98%的法輪功受訪者(83人)是受過良好教育的中國知識分子。同樣,歐恩比(Ownby)和蘇珊·帕爾默(S. Palmer)在他們的實地研究中發現,中國人占91%,而西方人只有9%。法輪功群體被描述為「不折不扣的中國人」和「絕大多數是中國人」(Ownby, 2003b, p. 308)。這些實地研究發現,大多數法輪功受訪者都是富裕、受過良好教育的已婚華人女性。

根據歐恩比(2008)的說法,典型的法輪功學員是「年輕、都市化、有活力且成功的新移民,基本上都正在實現美國夢」(p. 138)。受訪者平均年齡為40歲,比在中國境內研究的受訪者年輕。歐恩比(2003b)把加拿大的法輪功描述為「資產階層的運動」,典型的修煉者「住在市郊,開著福特金牛座汽車上班,從事電腦或金融工作」(p. 312)。同樣,1999年北美法輪功學員所做的研究調查結果顯示,97%的法輪功受訪者不是華人就是亞裔。他們很年輕,受過良好教育,多數人從事計算機和信息技術專業工作(Authors

Unknown, 1999, 2003a）。波特（Porter, 2003）的實地研究也顯示，北美修煉者比中國大陸修煉者更年輕，62% 的人年齡在 39 歲以下。

一項相對不為人知的台灣研究（Lio et al., 2003）發現，法輪功受訪者在身體和精神上都比一般台灣人更健康。研究結果表明，法輪功能夠幫助受訪者改掉一些不健康和成癮的生活習慣，如賭博、抽菸、酗酒和嚼檳榔（亞洲國家很流行的嗜好）。台灣的研究也強調了法輪功節省醫療費的潛力。研究表明，法輪功受訪者使用健康保險的次數減少了 50%（Authors Unknown, 2003b）。研究顯示法輪功的裨益與修煉年頭的多少成正比。這意味著一個人修煉法輪功越久，其健康狀況就越好，醫療開銷就越少。

超過 7,000 名法輪功學員參加台灣年度的法輪大法修煉心得交流會。學員以打坐姿勢排出法輪圖形。法輪圖形中有四個道家的太極和五個佛家的卍字符（中國傳統文化中吉祥的象徵）。2012 年 11 月攝於台灣台北。（新唐人電視台）

還有兩項小規模的研究。第一項是關於法輪功如何讓一名美國衛生專業人員從工作疲倦中恢復過來的現象學研究（Lau, 2001）。第二項是俄羅斯學者對 12 名法輪功學員進行的研究，這些學員的健康狀況各不相同，但血液和尿液檢查都正常，且沒有其它病症的跡象。他們的健康改善率為 75%（Author Unknown, 2003）。

所有探索法輪功對健康影響的研究都有一個共同的特徵，那就是受訪者在開始修煉法輪功後健康都得到改善。因此，許多人起初是被法輪功的治病潛力所吸引才開始習煉的。例如，歐恩比（2008）的研究報告說，最吸引受訪者習煉法輪功的原因中，其健康益處排在第三位。波特（Porter, 2003）的研究則表明，法輪功改善了許多受訪者的健康狀況。勞（Lowe, 2003）所做的互聯網調查也顯示，人們開始修煉法輪功的最常見原因之一是他有益祛病。

不過，法輪功學員表示，他們後來都意識到了注重精神修煉和道德人格培養的重要性，反而不太注重功法的療效了。這是很自然的，芭芭拉也是如此，她也經歷了同樣的過程，後來才明白法輪功不僅僅是為了祛病健身。修煉者後來會認識到，法輪功的健康效益是修煉的副產品，修煉的最終目的不是為了健康和養生，而是通過道德品質的提升，達到身心和精神上的全面覺悟。

有一篇經同行評審的文章是以證據為基礎的法輪功健康研究。一支由美國醫生和研究人員組成的團隊研究了法輪功對人體基因表達的影響和對嗜中性白血球的作用（Q. Li et al., 2005）。他們發現，與非法輪功受訪者相比，法輪功受訪者的基因表達優越，免疫力更強，嗜中性白血球的壽命更長。他們的研究結果表明，習煉法輪功可以影響基因表達、增強免疫力、平衡新陳代謝率，並促進細胞再生。

大學的研究

在國外掀起一波研究熱潮之後,一個新階段作為第二階段的一個分支發展起來:法輪功研究的第三階段包括在澳洲、埃及和美國的大學主持下開展的研究,這研究聚焦於法輪功對健康的影響。澳洲調查是在南澳大學的贊助下完成的(Lau, 2010a, 2010b),它是諮詢博士學位要求的一部分,研究了法輪功學員對法輪功健身效果的看法。該調查旨在確定法輪功與非法輪功學員之間是否存在任何可觀察到的差異或相似之處——法輪功修煉者的健康狀況是否比不修煉法輪功的人更好。

同樣,本傑明・本迪格(Benjamin Bendig, 2013)進行的雙重研

在慶祝世界法輪大法日期間,成年學員和小弟子在曼哈頓弗利廣場打坐。2013 年 5 月攝於美國紐約。(愛德華／大紀元)

究是為了滿足美國加州大學洛杉磯分校心理學博士學位的部分要求而做的。他的重點是法輪功在認知和生理方面的作用。在第一項研究中，本迪格探索了法輪功資深學員和新學員之間的基線認知、生理和心理差異。在第二項研究中，他評估了受訪者在習煉法輪功91分鐘後的認知、生理和心理變化。本迪格的研究還發現，煉法輪功可以提高能量水平和正面情緒。他的研究表明，規律的法輪功習煉會帶來長期的心理益處，習煉的時間長短可帶來相應的心理效益，而學習法輪功教導所花的時間則相應地改善睡眠（Bendig, 2013）。

在埃及蘇伊士運河大學體育系，亞希亞（Yahiya）進行了一項實驗性研究，探討法輪功修煉對日本武術柔道的影響。研究結果表明，習煉法輪功能提高柔道選手的心理和比賽技能（Yahiya, 2010）。這兩項研究補充了澳洲調查和其它探索法輪功保健效果的既有研究。

儘管探討法輪功效果的研究很少，但現有的文獻表明，法輪功對身心健康有明顯的改善。本章對法輪功研究的綜述表明，有必要從健康養生角度對法輪功進行更多研究。迄今為止，筆者正投入於「心靈提升」（Hearts Uplifted）研究專題。該專題專注於探索法輪功受訪者的生活體驗，目的是記錄法輪功學員在多年來如何度過人生的重大轉折期，以更好地了解他們如何應對人生挑戰、如何對待這些過渡期。希望這項長期研究能夠揭示法輪功如何幫助學員保持堅韌不拔的精神狀態，更好地得到身、心、靈的健康。

■表1

中國境外的法輪功研究

研究	年	樣本數	性別	族裔
加拿大，美國 * （作者不詳 /Authors Unknown）	1999 至 2000	235	男：42%，98 女：58%，137	中國人：97%，226 西方人：3%，7
加拿大和美國 （歐恩比和 S. 帕爾默 / Ownby & S. Palmer）	2000 至 2001	78	男：44%，34 女：56%，44	中國人：91%，71 西方人：9%，7
網絡調查 （勞 /Lowe）	2000	85	未註明	中國人[1]：98%，83 歐洲人： 1%，1 美國人： 1%，1
阿德萊德，南澳大學 * （劉 /Lau）	2001	1	男：1	西方人：1
美國俄亥俄州哥倫布市（布格多夫 / Burgdoff）	2001	89	未註明	中國人：96%，85 西方人：4%，4
俄羅斯莫斯科 * （古魯歐吉等 /Guluoji et al.）	2001	12	男：33%，4 女：67%，8	未註明
台灣 * （劉等 /Lio et al.）	2002	1,210	男：40%，485 女：60%，720	未註明
美國佛羅里達坦帕、華盛頓特區 （波特 /Porter）	2003	53	男：58%，31 女：42%，22	出生地： 中國：45.3%，24 台灣：9.4%，5 美國：34%，18 其它：11.3%，6
美國德州 （李等 /Li et al.）	2005	12 FG：6 NFG：6	男：50%，3 女：50%，3 兩組都是 3 人	亞洲人：100% 兩組都是 6 人

研究	年	樣本數	性別	族裔
埃及，蘇伊士運河大學 （亞希亞 /Yahiya）	2010	40	未註明	未註明
阿德萊德，南澳大學 * （劉 /Lau） （澳洲調查）	2010	總共：590 FG：360 NFG：230	男：42%，151 女：57%，206 不明：1%，3 男：35%，81 女：63%，146 不明：2%，3	[2]中國人：47%，170 白人：24%，88 澳洲人：7%，26 [2]中國人：27%，63 白人：18%，42 澳洲人：23%，53
美國加州洛杉磯，加州大學 （本迪格 /Bendig）	2012	研究一 FG：17 NFG：14 研究二 FG：18 NFG：10	男：6；女：11 男：10；女：4 男：7；女：11 男：5；女：5	亞洲人：11；白人：6 亞洲人：3；白人：5 其他：6 亞洲人：12；白人：6 亞洲人：4；白人：3 其他：3
美國紐約州紐約市 （特雷 /Trey）	進行中	7	男：2；女：5	白人：5 其他：2

FG= 法輪功學員，NFG= 非法輪功學員。 * 探索健身功效的研究。
1. 來自中國、馬來西亞和新加坡的華人。
2. 這裡只包括三個報告人數最多的組。

第七章

澳洲調查

這份澳洲網上調查具有開拓性，它探索了法輪功為習煉者帶來的健康和養生效果（Lau, 2010a, 2010b）。研究選用了描述性橫斷面調查法（descriptive cross-sectional survey）和諮詢心理學和社會科學研究中經常使用的混合方法（Hanson, Creswell, Clark, Petska, & Creswell, 2005; Miles & Huberman, 1994; Sandelowski, 2000）。與任何描述性橫斷面調查一樣，這份調查的目的是描述、收集特定時間內的數據。法輪功學員和他們的非法輪功朋友、家人的人口及健康狀況數據都被收集，包括年齡、性別、種族、關係狀況、教育水平、職業、其它人口統計細節以及他們的健康狀況報告。

自我報告（Self-reporting）是澳洲調查的基礎。這種數據收集方法經常用於社會科學和諮詢研究（Barker, Pistrang, & Elliot, 2005; Heppner, Kivlighan, & Wampold, 1999），來收集信息和調查對象的個人特性，如態度、行為、價值觀或信仰。在網上使用自我報告具有實用、省時和方便等優點，因為調查對象可以私下在適合自己的時間完成調查。這個方法強調受訪者的看法、涉及自我評估，所以其數據的有效性和可靠性受到質疑，因為調查對象或許不會保持誠實、真實，還可能為了營造一個正面或更好的形象而掩飾／誇大、歪曲事

實。在大多數情況下，自我報告調查的設計是為了引導誠實和自發的回答，且由於是自願匿名參與，調查對象實際上更有可能說出真相。

此外，自我報告關注調查對象的個人觀點、經歷以及他們提供的有意義的信息，這種方法在諮詢研究中是有價值的。正如客戶的想法和感受是治療互動的核心，在諮詢研究中，調查對象對自身健康狀況的感知形成了研究的核心。在澳洲調查中，自我報告被用來收集有關法輪功學員的信息，以及了解他們的信仰、行為和健康狀況。

如果調查對象的樣本數量大，且來自不同的地方，使用在線調查就很方便。因此，這也被認為是接觸潛在法輪功受訪者的最佳方式，因為互聯網是了解法輪功活動，以及與來自世界各地的法輪功學員交流的最快方式。社會科學和諮詢研究經常使用在線調查方法，這有助於保持「社交距離」（Heerwegh, 2009, p. 112），並在一定程度上消除了社會期許效應（social desirability effects）的影響（Heerwegh, 2009; Tourangeau, Couper, & Steiger, 2003; VandenBos, 2007），後者指受訪者傾向於給出能給人留下好印象的答案。

成形階段

澳洲調查的第一階段包括擬定、數據收集和數據處理階段，其中包含準備研究材料、選擇方法、設計調查問題和進行先導性研究。這一初始階段還包括廣泛的文獻綜述和向南澳大學人類研究倫理委員會（UniSA HREC）申請倫理批准。

由於所有的人類交流，包括人類研究中的交流都帶有倫理含義，

所以在調查過程中，研究員秉持 UniSA HREC 的標準以及《（澳洲）國家人類研究倫理行為聲明》（*National Statement on Ethical Conduct in Human Research*），這份聲明由澳洲國家健康與醫學研究委員會規定，其主旨是保持研究的價值和完整性、公正、仁愛，以及尊重研究參與者（NHMRC, 2007, pp. 12-13）。UniSA HREC 還建議法輪大法佛學會參與其中，並要求研究者取得澳洲法輪大法佛學會的書面批准函，以支持、允許將在線調查的網絡鏈接放在法輪功網站上。

在這一階段，我們完成了兩份研究信息文件：研究信息表（RIS）和致法輪功學員的信，邀請他們參與在線調查，並邀請他們的非法輪功家人、朋友或同事參與。這份研究信息表為受訪者提供了研究概況、參與條件和受訪指導。兩份文件隨後被發布在法輪功網站上，並通過電子郵件發送給佛學會會長、先導性研究參與者、地區法輪功聯絡人以及世界各地不同法輪功項目的協調人。

針對法輪功學員和非學員，研究員分別設計了兩項健康調查，包括單項選擇問卷和 SF-36 健康調查（McHorney, Ware, Lu, & Sherbourne, 1994; Ware Jr., 2000; Ware Jr. & Sherbourne, 1992）。針對法輪功學員的調查多了一個部分，即 21 個和修煉有關的問題。通用的 SF-36 健康調查衡量八個健康養生概念，包括身體、精神、情感、社交健康，受訪者對自己的總體健康認知，以及他們的活力等。在澳洲的調查中，有幾個問題下面留了文字回答空間，以收集受訪者提供的重要的、有趣的見解。受訪者 289 號（芭芭拉）就在其中一個回答中詳細描述了自己曾受過很多傷，使研究者對她的個案感到好奇。

在擬定階段，研究者進行了先導性研究，用來收集寶貴的反饋、改進研究工具。先導性研究的參與者是有著不同教育和專業背景的法輪功資深學員，其中一些人是地方法輪大法佛學會的主要成員。

從地理上講，他們來自澳洲、美國和英國。有意義的是，研究者儘量將先導性研究參與者的反饋與來自非法輪功人員（包括大學工作人員和諮詢專業博士生）的反饋進行了平衡。

數據收集階段

澳洲調查的數據收集持續了三個月，調查對象的人數沒有上限，只要是規律地煉功學法半年以上的法輪功學員都可以自願參加。由於中共政府對大陸法輪功學員的殘酷迫害仍在持續，出於安全考量，居住在大陸的學員不在澳洲調查對象之列。

受訪的法輪功學員被告知，研究者希望他們邀請不修煉的家人、朋友和同事（非法輪功人士）參與完成第二份調查，但這不是他們參與調查的必需條件。

非法輪功人士的參與條件是：他們在近半年內沒有進行任何打坐或其它形式的冥想運動，如瑜伽、太極或氣功。這兩份調查問卷都被發布在澳洲法輪大法網站（www.falunau.org）上，網站的鏈接也都附在研究信息表（RIS）中，分發給不同地區的法輪功協調人。潛在的受訪者可以訪問澳洲的網站，花大約 15 到 20 分鐘完成在線調查。澳洲調查的總樣本量為 590 份，其中少量來自澳洲和美國的紙質問卷是通過郵寄方式反饋到研究者的大學地址；還有一些問卷在截止日期後收到，不得不被排除在研究之外，非常可惜。

數據處理階段

研究的最後階段包括報告、分析、解讀和呈現結果。定量數據

和定性數據均自動保存在微軟電子表格（Microsoft Excel）文件中，並以手動方式轉移到社會科學統計分析（SPSS）軟件中。參與調查的共有 360 名法輪功受訪者和 230 名非法輪功受訪者。兩組之間不同的人數說明，有 130 名法輪功受訪者沒有邀請非法輪功受訪者，或者他們邀請的人沒有完成調查。造成這一數量差異的原因有多種，其中一種可能性是：一些法輪功受訪者不認識他們覺得可以邀請來參加調查的非法輪功人員。由於邀請非法輪功受訪者並不是強制的，所以法輪功受訪者沒有找人的義務。當然，兩組間人數的差異並未影響調查結果。

在數據傳輸過程中，隨機審核檢查也在系統地進行著，這包括對每 20 位受訪者進行一次水平列檢查，以及對兩組調查的每 10 個變量進行一次垂直列掃描。兩組數據都還使用 SPSS 描述頻率審核檢查進行了進一步詳細檢查。定量資料和定性資料被分別報告、分析。一些要求用文字答覆的題型收集到了有趣的數據，它們都被定性內容分析中所使用的三級分類或聚類程序分析解讀（Miles & Huberman, 1994），並被其他研究者加以調整（Graneheim & Lundman, 2004; Hanson et al., 2005; Sharif & Masoumi, 2005）。

2007 年，這個調查的主要結果在澳洲凱恩斯（Cairns）的一個會議上被介紹給澳洲原住民顧問和保健專業人員。那次以「打坐優化健康和養生」為題的演講強調，法輪功是一種替代性的身心修煉功法。演講中解釋了法輪功如何關係到澳洲原住民的健康和福祉，引起了原住民保健專業人員的注意。他們表示非常有興趣進一步學習將法輪功與他們的工作相結合。

第八章

法輪功修煉者

「**剛**開始修煉法輪功,我就希望告訴所有朋友,並教他們煉功——告訴他們法輪功的美好和精深。」芭芭拉說道。回憶起修煉法輪功而康復的經歷,她臉上的神情,有如寧靜的碧空中放射出光芒。許多親身體驗過法輪功健身養生功效的人都有類似的反應。很自然,許多法輪功修煉者都非常熱衷分享自己的體會。那麼法輪功修煉者是什麼樣的團體?

根據法輪功資料來源,1999年當中共的迫害開始時,大約有1億人修煉法輪功。儘管面臨迫害、威脅和騷擾,法輪功學員們沒有放棄。近年來,中共政府把對法輪功的迫害輸出到了國外,方式是在世界各地干擾法輪功活動,如在馬來西亞、新加坡、越南、韓國、澳洲以及美國。例如,法輪功學員在向民眾講述中共的迫害、勸說中國人退出中共時,遭到騷擾和攻擊(Philipp, 2013)。這些襲擊者企圖在紐約法拉盛中國城干擾退黨運動。退黨指的是退出中國共產黨,公開宣布退出中共及其附屬組織——少先隊和共青團。襲擊者投擲雞蛋、吐口水,並毆打、謾罵自願幫助中國人退出中共的法輪功學員。根據費舒華(Joshua Philipp)的文章,紐約中領館承認策劃了這些襲擊活動。中共輸出迫害的事件在澳洲、加拿大也有發生。

然而，中國以外的法輪功學員仍堅持從事和平的活動以澄清法輪功真相。他們在公園煉功，在中共使領館門外靜坐，在世界主要城市舉行軍樂團演奏和遊行。

澳洲調查展示出一幅海外法輪功修煉者們的有趣畫卷。典型的法輪功修煉者更可能是女性，已婚，受過高等教育，從事各行各業：她的職業可能是商業、電腦信息技術、藝術、媒體、社會科學、文書、管理服務等。澳洲調查還顯示，法輪功修煉者和他們不修煉的親友有許多共同點（Lau, 2010a, 2010b）。數據分析顯示，法輪功受訪者和非法輪功受訪者類似，許多都受過高等教育、從事職業工作；他們和不修煉的人一樣，有家庭和職業。然而，在醫療經歷、身心健康狀態、生活質量和生活態度方面，這兩組人的差異則很大，甚至在某些方面形成鮮明的對比。

和不修煉的受訪者相比，法輪功受訪者更加健康，不用或者很少用藥，醫療保健方面的開銷比較少，對於個人身心健康方面的回答也比較積極。許多人都表示煉功得到了很大收益。一種內修功法之所以普遍傳播、吸引億萬修煉者，必然有其原因。許多法輪功受訪者提到，他們最初走入修煉的原因是在健康方面有所期待。

法輪功修煉者的群像

法輪功受訪者整體上由樂觀、健康、有事業、對國家做出經濟貢獻的人構成。調查顯示，女性修煉者多於男性，57.2% 的樣本是女性（206 人），42% 是男性（151 人），0.8% 數據缺失（3 人）。法輪功受訪者的年齡一般在 30 多歲或者 40 多歲。30 到 39 歲構成了人數最多的年齡段，40 到 49 歲其次，然後是 50 到 59 歲。人數最少的

是最年輕的年齡段,即 20 歲以下。在婚姻狀況方面,將近三分之二的法輪功受訪者(61%,218 人)已經結婚,24%(85 人)單身並且從未結婚,5 名受訪者有事實關係,11% 回答在調查時是離婚或分居狀態。

　　澳洲調查的數據顯示,中國以外的法輪功修煉者來自於多種多樣的民族背景,調查樣本涵蓋了 37 個民族。其中有 1 名非洲人、2 名阿爾巴尼亞人、1 名澳洲土著人、2 名毛利人、3 名北美土著印第安人、2 名土耳其人、3 名菲律賓人、4 名猶太人,還有的來自俄羅斯、波蘭、西班牙、地中海國家、斯堪的納維亞半島、亞洲各地,包括印度、日本、韓國、馬來西亞、印尼、新加坡和泰國。一些受訪者認為自己是盎格魯凱爾特人、越南華人、韓國華人、歐亞人、西班牙、巴布亞新幾內亞或者俄羅斯斯拉夫人。修煉者中以華人為最多(47%,170 人),其次是白人(24%,86 人)。26 人也就是 7% 只回答是澳洲人,因此無法確認民族背景,不知他們是澳洲土著人、白人、華裔還是亞裔。

　　法輪功受訪者的出生國家也迥然各異,共有世界 7 大洲的 45 個國家,除了歐洲、南美、澳洲、新西蘭、中國、加拿大、美國和英國等國家之外,亞洲國家中包括印尼、馬來西亞、新加坡、日本、韓國、菲律賓、台灣、泰國和越南,歐洲國家包括奧地利、比利時、丹麥、法國、德國、荷蘭、意大利、西班牙和瑞典。阿爾巴尼亞、印度、以色列、利比亞、地中海地區、毛里求斯、波蘭和俄羅斯則被列入「其它國家」。出生於中國的人最多(28%,97 人),其次是亞洲(24%,86 人),出生於澳洲和新西蘭的人排在第三(19%,68 人)(Lau, 2010a)。

　　調查顯示,法輪功受訪者居住在世界各地,樣本涵蓋 29 個國家

2019 年 11 月 16 日，約 6,500 名法輪功學員在台灣台北自由廣場排出展現法輪大法弘傳世界的美好畫面。（明慧網）

和地區，包括澳洲、新西蘭、亞洲、歐洲、北美和南美。雖然地域多種多樣，但 75% 的法輪功受訪者（268 人）居住在世界的兩大主要地區，其一是澳洲和新西蘭，其二是美國和加拿大。在被問到英語是否第一語言，35% 的法輪功受訪者（128 人）回答英語是兒童成長時期的語言，三分之二的受訪者表示英語不是第一語言（226 人），44%（164 人）表示母語是漢語或者漢語方言，如廣東話、福州話、客家話和上海話。

語言的多樣性反映出民族的多樣性。大多數法輪功答卷者都能夠流利地說第二或第三語言。這些為數眾多的語言包括了澳洲土著語、非洲伊博語、馬拉地語、北美土著納瓦霍語，以及亞洲和歐洲語言。亞洲語言包括印尼語、馬來語、日語、韓語、他加祿語、泰語和越南語。歐洲語言包括阿爾巴尼亞語、克里奧爾、克羅地亞語、

2014年5月14日,從世界各地來參加慶祝第22屆世界大法日系列活動的法輪功學員,在紐約曼哈頓下城的聯合廣場晨煉,場面祥和。(戴兵／大紀元)

荷蘭語、法語、德語、希臘語、希伯來語、匈牙利語、意大利語、黎巴嫩語、挪威語、波蘭語、葡萄牙語、西班牙語和土耳其語。

澳洲調查數據顯示,大多數法輪功答卷者受過教育,63%的答卷者(224人)受過高等教育。30%(107人)有碩士或博士學位(Lau, 2010a)。他們從事多種職業,從藝術家、職業人士、企業管理人員、高級官員,到高技能或低技能的工人,一應俱全。為了系統性地描述職業,澳洲調查中採用了澳洲統計局和新西蘭統計局頒布的澳洲和新西蘭標準職業分類(ABS & SNZ, 2006)。

法輪功答卷者中,有30%從事專職工作,15%(54人)從事藝術、媒體、社會科學和其它職業,另外15%(54人)從事商業或電腦職業。文職人員、銷售、管理人員和服務行業占13%(43人)。超過8%(29人)是經理或高級官員,在科學、建築、運輸或工程行業就職。

高技能和低技能工人以及無業人員占的比例最小，分別占2%和2.5%（Lau, 2010a）。

問卷中也包括家庭年收入的問題（以當地貨幣計算）。由於貨幣兌換率差別巨大，不同國家生活費用也差別巨大，無法得出有用的結論。然而，他們的技能和職業，從某種意義上反映了他們在各自環境中的社會和經濟地位。

身心健康狀態

澳洲調查要求答卷者報告其醫療史，例如造訪醫生的次數、就醫的原因、服用什麼藥品以及醫療保健花銷。因為如果一個人不需要看醫生，不需要用處方藥或非處方藥，他健康狀況一般相對良好，會優於需要處方藥或者經常就醫的人士。法輪功受訪者普遍健康良好，對生活和身心健康持有樂觀的態度。他們不抽菸、不喝酒，也不用處方藥或軟性毒品，很少在醫療或保健方面花錢。大約90%法輪功受訪者（316人）表示在過去六個月中沒有造訪過醫生。8%也就是30名法輪功受訪者造訪醫療人士一到三次，5%回答四到六次，只有3人報告在過去六個月中造訪了七到九次。曾經就醫的人回答說，他們是因為懷孕或工作相關的體檢而去看醫生。

大多數法輪功受訪者（95%，341人）沒有用任何藥物，包括非處方藥、維生素和健康補充劑。7名受訪者表示用過處方藥，只有1人用了阿司匹林和帕那多（即撲熱息痛或普拿疼）這樣的非處方藥。1位受訪者選擇了西草藥和順勢療法，有5人回答服用維生素和健康補充劑。大部分法輪功受訪者（92%，330人）沒有醫療保健花銷。只有8%（30人）說他們有健康和醫療開銷。那些表示有健康醫療開

銷的人裡，有一部分人回答醫療保險費是他們唯一的醫療支出——在澳洲，納稅人必須向澳洲政府繳納公共醫療保健基金。

生活方式和習慣，例如吸菸、飲酒和軟性毒品的使用也反映一個人的健康狀況。受訪者被要求報告其使用情況以及是否有計劃戒斷這些東西。法輪功受訪者中，有98%（352人）報告不抽菸。修煉前抽菸者（68人）中，有82%（56人）表示他們在修煉後戒了菸。少於1.4%的人（5人）仍在抽菸，這5人中，有2人計劃戒菸。同樣，97%的法輪功受訪者（349人）表示不喝酒。報告在修煉法輪功之前飲酒的人群（174人）中，有97%（168人）在開始煉功後戒酒。大約2%（8人）承認多多少少飲一些酒。幾乎所有法輪功受訪者（99%，355人）都報告他們未用任何軟性毒品。

生活質量

澳洲調查的結果表明，法輪功受訪者擁有高質量的生活。他們感到身體、心理和情緒上都非常健康。他們對他們的健康前景表示樂觀。其中有54%（192人）表示具有良好的總體健康狀況。近90%（317人）報告擁有優秀或非常好的總體健康狀況。只有1名法輪功受訪者表示總體健康狀況不佳。當被問及他們一年前的總體健康狀況，有28%（101人）表示他們比一年前「好得多」；29%（105人）表示比一年前「好一些」；一位受訪者報告說，健康狀況比一年前「差很多」。

大多數法輪功受訪者能夠參加各種日常和社交活動，包括劇烈、中度或輕度活動。報告顯示有近75%（261人）能夠進行各種激烈的活動，例如跑步或抬起重物。超過90%的人（333人）報告沒有因

為受健康狀況限制而無法進行適度的活動，例如挪動一張小桌子、使用家用吸塵器、搬運雜物或爬樓梯。當被問及他們的健康狀況是否限制他們爬幾段樓梯，87% 法輪功的受訪者（314 人）回答「否」。多數受訪者表示，他們的健康並沒有限制他們做其它活動，例如彎曲身體、跪下、彎腰和步行幾個街區或 1 英里以上。超過 95% 的人（342 人）說他們能夠走一個街區、洗澡和打扮自己。

SF-36 健康調查中四個衡量身體健康狀況的選項顯示，大多數法輪功受訪者沒有遇到任何妨礙工作或其它日常活動的身體問題。多數法輪功受訪者（95%，342 人）表示他們不必減少工作時間。大多數人認為自己身體健康，未因身體狀況不良而受限制，可以每天工作。法輪功受訪者中近 95%（341 人）表示他們沒有任何會影響工作時間長短的情緒問題。他們能夠勝任並專注於工作，並且可以隨意掌握工作時間。

同樣，受訪者們表示自己沒有因身心問題而影響到與家庭、朋友、鄰居或其他群體的正常社交活動。約 83% 的法輪功受訪者（297 人）表示他們「完全沒有」受到影響。實際上，沒有一名法輪功受訪者報告說在身體和情感方面「極受影響」。超過三分之二的法輪功受訪者（68%，244 人）報告說沒有疼痛問題，而 24%（87 人）的患者報告有「輕度」疼痛問題。5 名受訪者報告說，在完成調查前四個星期內，有嚴重或非常嚴重的疼痛。當被問到身體上的疼痛在多大程度上影響了他們正常工作，將近 90% 的法輪功受訪者（314 人）報告說他們根本沒有受到影響，只有 1 名受訪者報告極受疼痛影響。

SF-36 的調查結果表明，法輪功受訪者一般比較快樂、鎮靜、平和，並且充滿活力。超過 80% 的法輪功受訪者（293 人）報告說他

們全部或大部分時間裡感到平和鎮靜。超過82%的受訪者（294人）表示一直或大部分時間精力充沛，而84%的人（303人）表示在所有或大部分時間裡感到快樂。只有不到5名法輪功受訪者稱沒有體驗到這四種積極的心理狀態。多數（86%，308人）報告說他們不感到緊張，或只有「很少時間」感到緊張。約73%的人（262人）表示他們沒有「情緒陷入低谷」的感覺（Lau, 2010a, pp. 111, 132）。一位受訪者表示「總是」感到憂鬱、精疲力盡或疲倦。後者的情況可能是因為沒有每天煉功和學法。經常煉功並定期學法的法輪功學員傾向於報告良好的健康狀況。他們能夠在日常生活中應對壓力。

還有一個問題是詢問受訪者，身體或情緒問題是否經常影響他們。81%的法輪功受訪者（292人）表示「沒有」，13%（48人）報告「很少」，而3%（10人）回答「某些時間」。約1%的法輪功受訪者（5人）報告說，身體和情緒問題經常干擾他們的社交活動。一般來說，法輪功學員對自己健康狀況的看法比非法輪功受訪者更為樂觀。90%（324人）報告他們不認為自己的健康會惡化，而87%（313人）的人說他們「絕對不會」比其他人更容易生病。

當被要求對他們的健康狀況進行肯定評價時，將近三分之二的法輪功受訪者（65%，234人）「絕對肯定」他們像其他人一樣健康。13位受訪者（3.6%）表示他們「絕對不是」僅只和他人一樣健康。超過四分之三（76%，274人）認為自己的健康狀況非常好，只有1名法輪功受訪者沒有報告自己的健康狀況非常好。

第九章

功　法

澳洲調查得以讓人們對法輪功受訪者如何在修煉上投入時間獲得一些深入了解。調查結果顯示，他們常規性地花時間煉功並學習法輪功的教導。這並不意味著他們打坐好幾個小時或整天研讀法輪功書籍。根據每個人的情況，有些學員會在某些天有空打坐、看書，也會在有需要時密集地閱讀和煉功。正如澳洲調查統計結果所呈現的那樣，大多數法輪功學員生活都很忙碌。許多法輪功受訪者正值人生的黃金時期，除了日常看書和煉功外，他們還有家庭、工作或職業生涯，並參與不同的法輪功相關項目。

　　澳洲調查的法輪功受訪者們可以說是經驗豐富的修煉者，對修煉有很好的理解。半數以上的受訪者（54%，194人）表示已經修煉法輪功六至十年以上。只有10%的人（35人）表示修煉法輪功不到兩年。一些研究者曾注意到，在有經驗的冥想者、入門者和不從事冥想者之間，冥想對他們的效果存在著差異（Goldberg, 1982; Ricard et al., 2014）。他們發現，有經驗和經常冥想的人，往往可以從冥想中得到更大的身心健康和超凡脫俗的益處。也許這就可以合理解釋，為什麼大多數法輪功受訪者沒有找醫生諮詢、很少使用或沒有使用藥物，而且健康狀況處於良好到極好之間。不過，還有其它要考慮

的因素。

澳洲調查結果顯示，大多數法輪功受訪者表示他們每天煉功，或每星期至少煉功四到五次，而且每天學法。「法」是指法則、道、原則。「Fa-study」（學法）這個中英文結合的詞是指自己或與其他學員一起閱讀學習法輪功的教導。學法被視為修煉最基本的環節之一。因此，世界不同城市和地區的學員都會在當地組織每週一次的學法聚會，以確保每個人都有機會在一個相互支持的集體環境中學習法輪功的教導。

煉功和學法所花的時間

法輪功受訪者報告說，他們常規性地煉功。60%的受訪者（203人）每天煉功，或每週至少煉功四至五次。近50%的受訪者（174人）每次花一個半至兩個小時煉功。他們每週煉功的頻率和時間取決於個人和一些可變因素，例如生活方式、工作時間或全日制學生的學習時間等。

在對芭芭拉（即第289號受訪者）的後續訪談中，她提到她「每週七天，每天都習煉這五套功法」。煉完功後她經常感覺很好，比起煉功前好很多，這鼓舞著她持續規律地煉功。在採訪過程中，她清晰地回憶起最初煉習第二套站樁功法的經歷，這套功法大約需要30分鐘。「那是一次美妙的體驗，並不痛苦。第二次做煉習時，此功法的四個姿勢，每個姿勢我都能保持7分鐘的時間。那真是不可思議，因為我身上還纏著繃帶。」芭芭拉繼續說，「我閉著眼睛站立，感覺到能量在流動。我的四肢和整個身體都能感受到那種溫暖、療癒的感覺。當時我就知道，我要繼續煉法輪功。」

大部分法輪功受訪者都願意花時間煉功，這並不奇怪。做五套功法可以打通體內能量通道、促進能量流動、改善脈絡淤塞並淨化體內毒素，從而促進祛病健身的效果。傳統中醫認為，人體有 12 條成對的和 2 條單一的經絡（脈）或者說能量通道。經絡不通，可導致健康不良、疾病和身體失調等。在修煉過程中，這些經絡最後會融合成一條能量通道。出現這個現象時，修煉者的身體會純淨。《轉法輪》一書中寫道，「修煉到這一步時，身體白白淨淨的，皮膚也細嫩了。」（第八講）這個過程只有在打坐能夠達到入定的狀態下才會發生。

「還有一種狀態，坐來坐去發現腿也沒有了，想不清腿哪兒去了，身體也沒有了，胳膊也沒有了，手也沒有了，光剩下腦袋了。再煉下去發現腦袋也沒有了，只有自己的思維，一點意念知道自己在這裏煉功。我們要達到這種成度就足矣了。為甚麼呢？人在這樣一個狀態裏煉功身體達到了最充份的演變狀態，是最佳狀態，所以我們要求你入靜在這麼一個狀態。」（《轉法輪》第八講）

達到這種狀態的時候，就能帶來真正的療癒，從而達致身、心、靈整體健康。然而，這個從靜坐中產生的轉化過程還不能完全解釋這種功法帶給人的健康裨益。還為重要的是「修」的方面，修煉者必須學法和提高道德品質。

學法

學法，或學習法輪功教導，是這一法門修煉很重要的一部分。學法可以使人悟到新的法理。因此，法輪功修煉者，不論新、老學員，在整個修煉過程中都要不斷堅持學法。學員們發現，經常學法讓他

們更容易應對日常生活中的挑戰。澳洲調查結果顯示，法輪功受訪者會投入時間常規性地學法。幾乎所有法輪功受訪者（99%，349 人）都表示，每週都會花一些時間學法。

「當然了，學法是最重要的。」芭芭拉在後續採訪中說。她每天要花「一至兩個小時」學法。「這只是一個概數：時間充裕時我就多讀一些，時間不多就讀少一些。」芭芭拉說。「我大部分時間都在讀《轉法輪》，有時也讀其他經書。」她又說。

學法是法輪功修煉的三大重要事項之一，是提升自己的關鍵因素。在《轉法輪》和被修煉者稱為「經文」的不同文章中，李先生都提到學法的重要性。他說：「只要看大法你就在變，只要看大法你就在提高。」（《精進要旨》〈溶於法中〉）他在長春市為修煉者題寫過一首詩：「學法得法，比學比修，事事對照，做到是修。」（《洪吟》〈實修〉）

李老師每次蒞臨美國的修煉心得經驗交流會，經常會提醒學員學法的重要。2011 年在華盛頓召開的美國法會中，他對學員的講法題為「大法弟子必須學法」，全部都在談學法這個議題。「大家一定要認認真真的學。……如果學不好法，很多事情都做不好。」李先生強調，學法是「最重要、最重要的，那是你要做的一切事情的根本保障。如果學法跟不上，那就甚麼都完了」。（《各地講法十一》）在 2014 年舊金山修煉心得交流會上，李老師再次提醒學員：「學法，都在裏邊了。坐在這兒的這麼些人都是學法明白的。」（《二零一四年舊金山法會講法》）

雖然每個受訪者花在學法上的總時間各不相同，但 64% 的法輪功受訪者（224 人）表示每週花在學法上的時間為六至十五個小時。這與芭芭拉每週學法七至十四個小時大致相符。對於學法時間最長

的一些堅定的受訪者來說,每週花的時間足以讀完整本《轉法輪》。除了每週一次的集體學法,有時不同地區的學員會組織一整天的集中學法,也有的學員會在每週末組織一次讀三講《轉法輪》的學法。當問及他們學法的頻率時,近四分之三的法輪功受訪者(72%,253人)表示每天都學法。16%的受訪者(55人)每週學法四到五次,11%的受訪者(38人)每週學法二到三次。不到2%的人(7人)表示每週只學法一次。

在澳洲調查中,大多數法輪功受訪者都了解「學法」的重要性。92%的法輪功受訪者(329人)認為「學習法輪功教導」是修煉中最重要的部分。他們認識到經常學法關係到心性(或道德品質)的提

西人法輪功學員在閱讀《轉法輪》。(明慧網)

高，那些只是煉功和打坐而忽視學法的人，不能算是真修弟子。

「天天光煉這幾套動作，就算是法輪大法的弟子了嗎？」（《轉法輪》第三講）根據法輪功的教導，真正的修煉直接涉及一個人的心性或道德品質的提高，而學法是提高心性的關鍵。剛剛走進修煉的人，大多數都不知道學法、道德品質提升與身心修煉之間的密切關聯可帶來身、心、靈的整體健康。芭芭拉回憶說，她起初對閱讀法輪功書籍並不熱衷。她的眼睛在那次意外發生後就無法聚焦，然而，她開始閱讀這本書，竟發生了奇蹟。

「第一天，我花了很長時間，幾乎花了一整天才讀完第一講的一部分。」芭芭拉說。第二天，她發現自己可以讀得稍快一些，她說：「我讀完了第一講和第二講。」第三天，她的視力有了更大改善。她讀完了書中較長的一講——第三講，開始讀第四講，內容包括「失與得」、「業力的轉化」和「提高心性」等。「真是太有意思了，我捨不得放下這本書。」芭芭拉說。當天晚上，她一直讀到凌晨2點半，才不情願地放下書去睡覺。她說，不久之後，一股強大的電流穿過她的雙手，把她驚醒了。「我坐在床上，伸出雙手，感覺有一種強烈的電擊感，從手指一直傳到手臂上。我立即叫醒我丈夫。」芭芭拉興高采烈地說道。「這種感覺持續了好幾分鐘。太神奇了！」芭芭拉說，「這是我摔下來之後第一次安然入睡。」芭芭拉說，在體驗「電擊」感之前，她每晚隔幾個小時都要叫醒丈夫，請他在她的背部和手上塗抹可的松藥膏。「但是從那一刻起，我所有的疼痛都消失了，再也沒有復發！這簡直是個奇蹟。」她的語氣仍像第一次談到此事時一樣帶著驚歎。

芭芭拉的經歷並不是孤例。類似的神奇療效也發生在其他法輪功學員身上。許多學員報告說，在開始修煉後，他們原有的健康問

題，包括嚴重的病症，都完全康復了。法輪功學員們經常在非正式的小型集會或正式的法輪功修煉心得交流會上分享他們的經驗。許多這種身心康復的匯報都被記錄下來，發布在明慧網的「修煉園地」欄目（英文網站的 Cultivation 類別）之下。

對芭芭拉來說，學法——閱讀《轉法輪》是她健康之路的轉折點。「從那一刻起，我身體內的一切都開始迅速康復。」芭芭拉說，「我的手感覺到溫暖，我能夠真切地感覺到我的手了；之前，我左手的三個手指是麻木的，不能動，我也無法張開手。」在那晚的經歷之後，她發現自己的手又能動了。「我能夠洗臉了。」芭芭拉說。

十年過後，芭芭拉對摔傷的經歷記憶猶新。她說話時，臉上散發著難以置信的光彩和喜悅，修煉使她康復的事彷彿就發生在昨天。她很想告訴別人這一門修煉的好處，「我在短時間內感受到奇蹟般的康復。我問自己為什麼以前沒有人告訴過我。這本書回答了我所有的疑惑，我以前從未找到答案。」她說，從那一刻起，她就開始認真地修煉：規律地學法煉功，分享修煉故事，糾正人們對法輪功的不正確觀念，尤其是中共宣傳的那些觀念。

五大健康領域

澳洲調查要求法輪功受訪者回答五個問題：有關修煉對他們生活中五個健康領域的影響。這些問題是針對他們的身體、心理情緒健康、應對壓力的能力、重要人際關係，以及人生觀的變化。數據顯示，受訪者在這五個健康領域都有顯著改善。近 83% 的法輪功受訪者（297 人）表示身體健康有顯著改善，超過 90% 的受訪者（325 人）表示修煉法輪功後心理和情緒健康有顯著變化。70% 的法輪功

受訪者（252 人）透露，他們與身邊親友的關係發生積極的變化（Lau, 2010a）。

澳洲調查的結果表明，受訪者最大的變化體現在對生活的態度上。93% 的法輪功受訪者（335 人）說，他們的人生觀發生了顯著而積極的變化。這與筆者的後續研究是一致的，後續研究探索了法輪功受訪者的生活經歷。在 2012 年的一次訪談中，筆者再次對芭芭拉這五個領域的健康狀況進行評估，她的回答顯示她在這五個方面都非常出色。她一語道出了法輪功修煉的功效：「法輪功讓我重獲新生。如果我沒有在 2003 年開始修煉的話，我不會那麼健康。」她談到法輪功如何幫助她保持健康並應對現代忙碌社會的壓力：「有時候我感覺狀態不太好，但法輪功為我提供了解決生活中各種問題的方法。」修煉有助於她整體上獲得身心安適，並賦予她更高層次的應對機制來處理日常生活中的磨難。芭芭拉說，通過堅持不懈地學法，將修煉的法則運用到日常生活中，同化法輪功修煉的三大原則「真、善、忍」，她從開始修煉以來，一直保持著身、心、靈的健康。

澳洲調查中法輪功受訪者的自我報告，印證了芭芭拉所說的療癒功效。許多受訪者說，他們的身體、心理和情緒健康都發生了顯著變化。大多數人（98%，346 人）報告說，自從開始修煉以來，身體健康獲得改善。在 360 名法輪功受訪者中，只有 2 名受訪者表示身體健康惡化。當被問及修煉法輪功以來精神與情緒健康的變化時，93% 的人（325 人）認為有明顯改善。同樣，有 2 名受訪者表示他們的心理和情緒健康狀況有所惡化。在現代社會裡，生活中常常充滿了挑戰、工作期限和挫折，壓力已經成為生活中一個熟悉的元素。少許壓力或許是件好事，但在持續的壓力下過活是不健康的，會損害我們的生活質量。

澳洲調查的結論表明，法輪功提供了一種有效緩解壓力的方法。開始習煉之後，超過90%的法輪功受訪者（317人）報告說他們應對壓力的能力提高了。許多法輪功受訪者都是專業人士，面對日常生活和工作上的壓力，有一種能幫助他們有效管理壓力的身心修煉方法，這樣的紓壓之道自然是受歡迎的。

有一點可以斷定，與身邊重要的人的關係好壞，是衡量我們生活質量的一個很好的指標。大多數法輪功受訪者（91%，325人）表示，自從開始修煉法輪功，他們的重要人際關係獲得改善。只有2%即8名法輪功受訪者表示他們的人際關係有所惡化。這些數據表明，在開始修煉後，大多數法輪功受訪者與生活中重要的人的關係變得更加幸福和諧、令人滿意。雖然澳洲調查結果不能解釋這種現象，但在縱向研究中，受訪者所說的話有助於我們深入了解修煉者如何改善他們重要的人際關係並保持這樣的狀態。法輪功教導，在與他人往來互動中會發生矛盾衝突，是因為我們無法放下執著——我們無法放棄的行為或個性，例如執著於自我、驕傲、恐懼、憂慮等不良心理和情緒。由於修煉的重點是放下執著、提高心性或道德品質，所以修煉者要努力遵循修煉的法理，包括要慈悲為懷、凡事先要考慮別人、對別人寬容、能放下自私自利的想法、提高自己的道德修為。能做到這些，自然會使人際關係變得和諧，從而提高生活質量。

受訪者對生活態度的改變可以成為衡量生活質量的另一個可靠指標。近95%的法輪功受訪者（335人）報告說，他們的生活態度改善了，他們找到了生活的意義。例如芭芭拉提到，走上法輪功修煉之路，讓她的人生有了目標和嶄新的意義。和許多受訪者一樣，她的人生觀也發生了巨大的變化。總體而言，她變得對生活更加樂觀和積極。不過，澳洲調查中有一位法輪功受訪者表示其人生觀「沒

有變化」；另外，360位法輪功受訪者中有2位受訪者表示，他們感到自己對人生的態度正在變差。

此外，調查結果顯示，將近60%的法輪功受訪者（211人）報告說他們的病情得到了明顯改善，只有5%（19人）表示略有改善。看到法輪功受訪者正面的健康自我報告並不令人感到訝異。在現代社會中，人們普遍認為規律的鍛鍊、積極的心態（或如法輪功所說的強大正念），以及堅定信仰教人向善的精神修煉，都是有益健康的生活方式。法輪功融合了這些積極層面的東西，成為整體身、心、靈健康的良藥。然而，一位法輪功受訪者報告說，她的情況變得稍有惡化；還有一位受訪者報告說，她的情況在所有五個健康領域都明顯惡化。儘管情況惡化，這位受訪者仍繼續法輪功修煉。

負面的結果

與所有的研究一樣，報告負面的結果也是重要的。澳洲調查顯示，少數法輪功受訪者表示他們在五個健康領域的情況沒有變化，甚至有所惡化（Lau, 2010a）。1名法輪功受訪者表示，在身體健康、心理/情緒健康、緩解壓力的能力、重要人際關係和人生觀這五個健康領域中，每一個領域都明顯惡化。大約1.4%的法輪功受訪者（5人）表示他們的身體健康沒有變化或沒有改善。近2%的受訪者（7人）表示他們的重要人際關係略有惡化，而4.4%的受訪者（16人）表示他們的重要人際關係沒有變化（Lau, 2010a）。

這一發生率很低的負面結果有幾種含義。這可能是真實情況的反映，也可能有其它的解釋，包括修煉的年數和煉功頻率、煉功和學法所花費的時間，以及受訪者對法輪功教導的領悟。此外，也

有一些人在開始修煉法輪功後，可能會出現強烈的身體淨化反應。另一個因素可能是因為冥想入靜的效果有即時（或者說短期）和長期的差異，而且其效果對於初學者和有經驗者確實是有差別的（Goldberg, 1982）。雖然這種差別在其它類型的冥想入靜中可能存在，但在法輪功中並不是一個普遍現象。許多人，比如芭芭拉，一開始修煉就體驗到了修煉的正面效果。在她開始讀《轉法輪》後的第三天，她就感受到了法輪功的神奇療癒功效。

　　從法輪功的角度看，情況惡化或沒有變化的原因，可能是由於修煉狀態、心性問題、對法的理解不夠，或者是修煉者不能放下自己的執著和不良的心態、情緒。一個修煉者，即使是修煉多年了，也會因為一些干擾因素而被「困住」，從而對某些事情不能有更高的認識。《轉法輪》中寫道，「不同的層次有不同的法。」「不知道高層次中的法就沒有法修；沒有向內去修，不修煉心性不長功。」（第一講）由於澳洲研究是一項匿名的在線調查，因此沒有機會深入探究是什麼原因導致那幾位法輪功受訪者的反應惡化。

　　雖然這個數據似在暗示有幾個人沒有從法輪功中獲得滿意和益處，但為了透明和誠實地報告，這種微不足道的差異性仍值得關注。數據顯示，第 27 號受訪者，也就是南希（不是她的真名），在五個健康領域全都報告說她的狀況明顯惡化。南希三十多歲，修煉法輪功四到六年，因此，她是一位資深學員了。她的自我報告顯示，她每週煉功二到三次、花十一到十五個小時學法，對修煉的投入是相當大的。儘管狀況惡化，南希仍繼續修煉法輪功。她說這是因為「命中注定」的關係，也就是中國人說的「緣分」。她相信她與法輪功有緣，同時，對法輪功教導的理解一直鼓勵著她繼續修煉。只有通過縱向的定性研究，才能解釋她堅修不輟的原因。

修煉的目標

雖然法輪功的健身效果提高了修煉者的生活質量，但很多人意識到法輪功不僅僅是祛病健身的靈丹妙藥。每一位法輪功的老學員都知道，自己的健康養生祕訣在於真正的修煉，真正按照法輪功的教導去做，在日常生活中遵循「真、善、忍」原則。法輪功教導，「人要返本歸真，這才是做人的真正目地。」（《轉法輪》第一講）因此，修煉者認識到修煉的最終目標是達到圓滿。

「我們在常人中傳的這部分，雖然不是宗教，可是修煉的目標是一致的，都是要達到開功、開悟，功成圓滿這樣一個目地。」（《轉法輪》第三講）為了修煉、覺醒，真正達成「圓滿」的願望，回歸原本的、真正的自己，法輪功學員努力歸正自己的行為、提高道德品質，把修煉的法理融入到日常生活中，努力做到「真、善、忍」。身心安康只是個人修煉狀態所帶來的諸多好處之一。

我們也可以從補充和替代醫學（complementary and alternative medicine，簡稱 CAM）的角度來看待調查報告中的不良反應。在 CAM 實踐中，在一個人的病要好轉之前，可能會出現療癒淨化反應或逆轉過程，這時過去的病症可能會復發（Wilson, 2011）。此外，療癒症狀和生病症狀之間也存在差異。療癒症狀通常比較輕微，而且很快就會過去。例如，一個人有喉嚨痛、發燒或流感的症狀時，通常會伴隨著疲倦症狀；而有人帶有這些症狀，卻沒有感到疲倦——法輪功學員的情況往往如此，因為這些症狀不會影響他們的日常工作。法輪功學員把這些症狀看成是消業或者說是淨化身體，他們的應對方法是保持強大的正念、加強學法、向內找自己的不足，或者檢查自己的行為、提高自己的心性。

第九章 功法 | 119

2019年5月18日，來自全球的部分法輪功學員會聚紐約，在總督島排出「法輪圖形」和「真、善、忍」三字，慶祝世界法輪大法日。（新唐人電視台）

約6,000名來自世界各地的法輪功學員，齊聚在中正紀念堂前的自由廣場進行排字，他們排出飛天仙女手持《轉法輪》並散下仙花的圖形，還有「佛光普照 禮義圓明」八個字，象徵著法輪功讓學員和全社會受益。2014年11月8日攝於台灣台北。（攝影：Daniel Ulrich）

排字局部特寫:來自台灣和全世界(歐洲、香港、韓國、日本、南美、新加坡、越南和其它國家)的法輪功學員,以打坐姿勢排出壯觀畫面。2014年11月8日攝於台灣台北。(攝影:Daniel Ulrich)

第十章

書面回答

從1992年以來，法輪功以口耳相傳的方式傳遍中國和世界各地。千百萬人剛開始煉功就體會到其獨特的祛病健身功效，身體達到完全康復。那麼，他們如何談自己的體會呢？澳洲調查結果表明，法輪功受訪者有很多話要說。他們的文字回答部分為調查提供了一個額外維度，讓人一窺法輪功的健體養身功效。這一章記錄了他們的文字回答和採訪芭芭拉的談話片段，這些也是正在進行的「心靈提升」（Hearts Uplifted）研究專題的一部分。

這裡呈現的數據來自問卷中的五個項目。其中一個問題讓受訪者陳述他們的醫療狀況以及看醫生的原因；另一個問題是請受訪的法輪功學員講述自己煉功前的醫療狀況（如果有的話）；還有兩個問題主要詢問他們為什麼開始煉法輪功；最後一個問題要求受訪者談談法輪功如何改善他們的身心健康。作者為一些受訪者作化名處理。

展現祛病功效

「在嘗試了許多其它方法後，我抱著碰碰大運的想法開始煉功。」

我決定試一試，一個月後，最多不到三個月，我100%（康復了）！」182號受訪者的塞巴斯蒂安（Sebastian）寫道。塞巴斯蒂安是生活在加拿大的白人，他曾被診斷出患有格林－巴利綜合症（GBS），這種疾病影響末梢神經系統，最後可致逐漸癱瘓。他在自我報告中寫道，「我無法四處走動，看東西重影等等。有人向我建議說，他（法輪功）能幫助我。一看法輪功視頻，我就突然感覺好多了。」由此，在三十多歲時，塞巴斯蒂安決定開始煉法輪功，他發現，自己在幾個月內就完全康復了。

「那時我剛開始煉法輪功，所有的病症就消失了，還沒有對心臟和健康造成任何傷害，醫生都困惑了。自從煉功後，我再也沒有出現過健康問題。」一位在美國出生的白人學員寫道。收集數據時，二十多歲的哈里（Harry，297號受訪者）報告說，他曾患有病毒性心肌炎——一種由病毒感染引起的心肌炎症，可引發心臟病並造成心臟組織損傷。

和塞巴斯蒂安與哈里一樣，芭芭拉（289號受訪者）也從多種醫療和健康問題中完全康復，這令她的醫生感到不可思議。她曾患有多種併發症，包括脊髓液滲漏、顱骨骨折、鼻竇受損、下巴骨折、手腕骨折、膝蓋骨破裂、左耳失聰、斜視、頭部噪音、背部和頸部疼痛，以及左手部分感覺喪失。此外，她還說自己在摔傷前有「嚴重的消化問題、過敏、偏頭痛、疼痛、焦慮和抑鬱」。煉法輪功後，她完全康復。

十年後，芭芭拉在紐約接受後續採訪時表示，每當回憶起當初得法的場景，她都恍如重回到那一刻，「非常神奇，像是奇蹟。我可以看到這種功法威力很大、非常獨特。」由於她頭部嚴重受傷，醫生認為、並且告訴她，她永遠無法完全康復。他們提醒她要做好

最壞的打算，並給了她一張四頁紙的單子，上面列有她術後將面臨的所有醫療問題。

在完全康復後，她仍必須每個月都去看醫生。「我告訴他們我不再需要預約就診了，他們給我做了體檢，都非常驚訝。」芭芭拉說，「他們不敢相信我恢復得這麼快。一位醫生問我都做了些什麼，我就給了她法輪功傳單。」對於她的完全康復，她的醫生、家人和朋友都感到難以置信。

從 23 英尺（7 米）高的地方掉下來導致芭芭拉的上頜摔成三段，醫生不得不把她鬆動的牙齒綁在一起，「牙齒矯正醫生告訴我，在痊癒後，他們會（給我）安裝假牙。當他看到我的牙齒沒有經過任何手術就又變牢固的時候，他簡直不敢相信。我沒有掉一顆牙。」芭芭拉說。她的牙醫當時還說，她的牙齒在幾年內就會變黑。「現在 10 年過去了，我的牙齒沒有發生任何變化。」芭芭拉在 2013 年的面對面採訪中繼續說道。她笑了，露出潔白的牙齒。很難想像她的牙齒會像牙醫 10 年前警告的那樣鬆動或變黑。

就醫原因

根據澳洲調查的原始數據，37 名法輪功受訪者和 156 名非法輪功受訪者報告了自己的醫療狀況，並說明了就醫的原因（Lau, 2010a）。在 37 名法輪功受訪者中，有 30% 受訪者（11 人）把牙科和醫療檢查都包括在內。他們的文字回答大多只寫了一個詞或列了兩三條病症。這些信息都被一種簡單的三層分類或聚類程序所分析解釋，這種程序是從定性內容分析方法改編而來（Graneheim & Lundman, 2004; Hanson et al., 2005; Sharif & Masoumi, 2005）。

調查結果顯示，大約90%的法輪功受訪者（320人）在完成調查前的六個月內沒看過醫生；沒有一位法輪功受訪者因嚴重或危及生命的病情去過醫院。與法輪功受訪者相比，非法輪功受訪者就醫的情況更多。數據顯示，68%的非法輪功受訪者（156人）表示在最近半年曾就醫，而這樣情況的法輪功受訪者只有10%（37人）。報告有兩種以上醫療狀況的非法輪功受訪者有47例，而法輪功受訪者只有3例。

煉功前身體狀況

法輪功受訪者最有意思的文字回答之一來自一個問題，即要求他們詳細說明煉功前被醫生診斷的病症（如果有的話）。有46%的法輪功受訪者（164人）對此提供了文字回答。引人注意的是，與非法輪功受訪者相比，那些報告自己有病史的法輪功受訪者中，有許多人先前的健康問題更為複雜和嚴重。由於條目數量大、涉及的醫療狀況複雜，研究使用了更簡便的三級分類系統處理數據，而不是陳述每個受訪人的情況。每個文字回答首先被記錄為「意義單位」，然後被歸入四大類：心理健康、肌肉骨骼、呼吸，以及其它狀況。許多受訪者報告了確切的疾病名稱，這些就被歸入子類別。例如，心理健康被細分為四個主要子類別——焦慮障礙、抑鬱、慢性疲勞和其它心理健康狀況，因為這四類的報告頻率很高。有21份報告涉及焦慮障礙；17份涉及抑鬱；24份涉及慢性疲勞；21項是其它心理健康狀況，包括神經衰弱、精神病或間歇性精神病、失眠，及心理應激（Lau, 2010a）。

呼吸道疾病包括25例過敏和花粉熱、18例哮喘，及26例其它

呼吸道疾病，包括支氣管炎、感冒、流感、鼻竇炎。還有 28 例報告慢性／致命疾病，包括 5 例癌症、13 例心臟病、3 例糖尿病、5 例高血壓，還有 2 例低血壓。其中癌症病例分別是乳腺癌、宮頸癌和皮膚癌。在收集數據時，埃塞爾（Ethel，283 號受訪者）已經七十多歲了。除了患有關節炎、支氣管炎、頭痛和尿道炎，她還報告了在煉功前曾進行多次手術——包括乳房切除術、胃切除術和膽囊造口術（Lau, 2010a）。

此外還有一個子類別記錄了 12 份婦科報告，提及的病症包括囊腫、子宮內膜異位症、痛經、月經不調、念珠菌性陰道炎、宮頸感染、更年期症狀（如潮熱），以及子宮肌瘤手術。這一子類別沒有包括乳腺癌、宮頸癌和乳房切除手術病例，這些病例被歸入慢性／危及生命疾病的類別。

在「其它狀況」類別中，有 69 個不同疾病案例。這一類別包括頭痛、偏頭痛、胃潰瘍和大腸激躁症等胃腸道疾病、眼耳疾病，以及其它慢性疾病，如腎病、肝炎、甲狀腺功能亢進和甲狀腺功能減退。各種肌肉骨骼狀況包括關節炎、腕管綜合症、格林–巴利綜合症、多發性硬化症、骨關節炎、重複性勞損（RSI）、類風濕關節炎和脊柱側彎。同樣，背部（及頸部）疼痛因出現頻率很高，也被單獨列出（Lau, 2010a）。

如前所述，受訪者在陳述他們的醫療狀況時給出了非常吸睛的答案。文字回答顯示，許多法輪功受訪者在煉功前都有嚴重的醫療問題和／或慢性病。除了芭芭拉、哈里和塞巴斯蒂安外，還有三個案例也有過複雜多樣的病史。伊莉莎（Eliza，89 號受訪者）五十多歲，報告說曾患有許多疾病。她表示自己過去「由於甲狀腺、腎上腺和腦下垂體問題，患有無法治癒的慢性病」，另外，她以前還有

「嚴重過敏、睡眠障礙、慢性疲勞、焦慮，以及椎間盤退化導致疼痛和活動能力喪失」。瑪莉（Mary，216號受訪者）六十多歲，報告曾患有「胃潰瘍、慢性頭痛、疲勞、關節炎、尿失禁、膝蓋無力、焦慮和恐懼」。第三個案例是七十多歲的巴塞洛繆（Bartholomew，219號受訪者），他寫了自己曾罹患的多種疾病：季節性感冒和鼻竇充血，視網膜性偏頭痛，（癲癇）大發作，消化不良，便祕，還有家族性糖尿病（Lau, 2010a）。這三位都表示，在煉法輪功後，他們這些病症都得到了顯著緩解。

有兩名受訪者曾被診斷出宮頸癌。在收集數據時，這兩位澳洲受訪者報告說，煉法輪功後他們的健康狀況得到了顯著改善。由於澳洲調查是採用匿名在線調查的方式，研究人員無法聯繫到他們以查證其目前的健康狀況。研究人員也沒有像針對芭芭拉一樣去追蹤他們的親身經歷。除了芭芭拉，其他參與正在進行的調查的受訪者都是新案例，獨立於澳洲調查。

澳洲調查的數據還表明，在報告曾患疾病的164名法輪功受訪者中，有50%（82人）患有兩種或更多病症（Lau, 2010a）。從文字回答可以看出，他們在煉法輪功之前身體狀況不佳，許多人似乎是在無法通過傳統治療方法緩解或治癒病症後，開始習煉法輪功。而調查結果顯示了一個顯著的特點，即許多法輪功受訪者在煉功後顯著改善了健康狀況，有些人甚至表示自己從絕症中完全康復。

然而，澳洲調查中報告的這些個案並非獨特。在世界各地和中國的法輪功修煉群體中，通過煉功祛病健身的故事數不勝數，著名的中國畫藝術家章翠英就是其中一個受益者。1996年，章翠英被診斷患有嚴重的關節炎，手指活動嚴重受影響。病情惡化後，她無法拿畫筆，飯碗也端不起來。她說自己當時看遍了中西醫，「我吃藥

治病花了上萬美元。」（Chai & Pan, 2002）更讓章翠英感到絕望的是，她無法再繼續畫畫。「我生不如死。」她說。後來，她的丈夫在當地報紙上看到一則法輪功九天班的廣告，章翠英去了，隨即發現自己的疼痛和不適都減輕了。這使她開始習煉法輪功。很快，她發現自己不但從類風濕性關節炎中完全康復，還能繼續畫畫了。她感激地說，法輪功給了她第二次生命。

澳洲的另一個例子是羅薇娜（Rowena，化名）。她的母親形容她有智力障礙、脊椎略微變形、腰椎融合。羅薇娜一直遭受著疼痛的折磨，只能站立很短的時間，每次出門都得坐輪椅。但是在學煉第一套動功僅幾天後，她就能站立煉完全部四套動功。四週後，羅薇娜發現自己可以單盤打坐；沒過多久，她能走路了——從起初每天走 20 分鐘，到最終外出不再需要坐輪椅。習煉法輪功後，她的生活質量有了極大改善。

功法的吸引力

對於許多學員來說，法輪功的健身奇效是吸引他們開始修煉的原因。澳洲調查結果顯示，有 31% 的法輪功受訪者（111 人）表示，法輪功當初吸引他們的是其潛在的療癒力（Lau, 2010a）。拖著虛弱的身體，所有這些人都像芭芭拉一樣願意嘗試煉功。讓他們的家人、甚至是醫生感到驚訝的是，他們的病情得到緩解、完全康復。

那麼，法輪功還有什麼吸引人的地方呢？澳洲調查的結果表明，人們因為各種原因開始煉功。調查請受訪者舉三個例子，說明「最初是什麼吸引他們煉功」。其中，法輪功教導的法理，以及與法輪功的緣分，這兩點非常突出。51% 的法輪功受訪者（182 人）是被「法

理」所吸引，49% 的人（176 人）選擇了「緣分」，也就是他們知道自己注定會煉法輪功。48% 的人（172 人）選擇「尋找生命的意義」，38% 的人（136 人）是因為「法輪功給予的精神啟蒙」。還有 8% 的受訪者（27 人）提到，當初是一些特別的、個人化的因素吸引了他們（Lau, 2010a）。

有 70% 的文字回答（19 份）都只寫了一個短語或一句話，這些回答被分為不同的主題，比如好奇、人生轉折點、對法輪功學員的好感、免費教功、中共政府對法輪功的迫害，以及與法輪功相遇的不尋常經歷。其它回答還包括還業債，或一直對中國傳統文化有好感。一位在中國出生的澳洲女受訪者寫道，「你可以通過煉法輪功來保持青春和美麗。」

一些受訪者表示，自己接觸法輪功是出於好奇。一位來自台灣的年輕女性寫道，「我很好奇為什麼法輪功在中國這麼受歡迎，但卻被中國共產黨禁止了，我想知道這背後的真實故事。」另一名出生於新西蘭的高中生寫道，「我很好奇，當我被告知這是一種修煉功法後，我就更喜歡了。」一位來自新加坡的女性受訪者寫道，「在中國（中共）中央電視台播了那麼多新聞之後，我更想知道法輪功是什麼了。」還有一位二十多歲的在美國出生的男生說，他煉法輪功是因為中共的迫害，「一開始我想知道這場迫害是怎麼回事。我知道，如果（中共）政權試圖掩蓋，那麼（法輪功）一定是一種強大的力量。」另一位退休的澳洲人寫道，「我覺得法輪大法（法輪功）一定是一條非常強大的精神道路，才被中國（中共）政府內部分子迫害得如此嚴重！」

兩位受訪者提到了她們生命中的重要時刻，她們第一次接觸法輪功時恰好處於人生的重大轉折點。一位二十多歲的年輕日本女生

寫道，「我知道我的人生必須改變，我覺得法輪功能幫我度過（這場危機）」。辛西婭（Cynthia，142號受訪者）是一個五十多歲的澳洲人，她回憶了自己人生的不同階段。她在報告中寫道：「我嘗試過很多替代療法或補充療法，然後進入了玄奧領域。幾年後，在練過太極和不同形式的冥想入靜後，我接觸到了法輪功。這段旅程以適當的方式、在恰當的時間自然展開，每一步都把我引向法（法輪功）——他讓我理解了宇宙、生命和我自己，這種揭示難以言表，不可思議。」

另外兩名受訪者指出，法輪功學員的風範是最初吸引他們來學功的原因。一位住在美國的歐洲法輪功受訪者寫道，「我遇到的所有法輪功學員都是非常友好和善良的人」，這一事實把他引向法輪功。在太平洋彼岸，一位居住在日本的韓國籍華人受訪者表示，他想要更多地了解法輪功，因為他的朋友——一位法輪功學員「與普通人完全不同」。

還有其他人表示，他們學法輪功是因為親身接觸了法輪功，而且學法輪功都不用花錢。一名希臘籍澳洲受訪者表示，法輪功之所以吸引他是因為免費教功。默文（Mervin，16號受訪者）——一名英國出生的澳洲人說，「我的妻子在身心靈節（Mind-Body-Spirit Festival）參觀了法輪功攤位，被她感受到的能量所吸引，而且他們不賣任何東西。」這對夫婦看過美國有線電視新聞網（CNN）關於1999年4月25日中南海和平上訪的報導，其中「一位中國（共）政府發言人批評法輪功抗議者的行為，而視頻清楚地顯示，他們的行為堪稱典範」。默文寫道，「我們對這樣安靜而有序的『抗議』印象尤深。我們認為，如果中共如此反對法輪功，那麼他相反可能是非常好的，因為我們對中共以前的罪行了解很多。」

調查結果顯示,中共的反法輪功宣傳對默文、他的妻子和其他許多人產生了相反的作用。在西方,這非但沒能阻止人們,反而使更多人認識了法輪功。學煉法輪功後,他們發現法輪功有益於身心和精神的提升,也讓他們的生活更有意義和目標。數據顯示,在澳洲調查中,近50%的法輪功受訪者表示最初被法輪功吸引,是出於對生命意義的追尋。法輪功給他們以及千百萬一同修煉的人以希望,使他們成為更有道德的人,最終開功開悟、返本歸真。

不同的人被法輪功吸引的原因似乎各有不同。一位澳洲白人透露,在她生命的某個階段,她被中國的一切所吸引。她寫道,法輪功「來自中國」。另一名澳洲退休教師將自己最初對法輪功的好感歸因於「與中國傳統文化相伴一生,學過三年漢語」。還有一些人

2014年5月13日,來自各國的部分法輪功學員在紐約聯合廣場舉行的法輪大法日慶祝活動中。(戴兵/大紀元)

是為了尋找答案，比如一名韓國籍華人女性想知道法輪功能否幫助她解決與母親的衝突。另一名西班牙籍澳洲人寫道，「我當時在尋找一種方式，來償還做錯事欠下的債。」

一些受訪者提到了法輪功深奧的法理。一位住在美國的中國人說，「（李洪志）師父的教導非常有力，而且意義重大。」三十多歲的托比亞斯（Tobias，303 號受訪者）是希臘籍澳洲人，他提到身心平衡以及「真、善、忍」普世法則是法輪功的獨特吸引力。辛西婭（Cynthia，142 號受訪者）之前提到，法輪功的教導讓她有了超凡的領悟。四十多歲的澳洲教師朗達（Rhonda，321 號受訪者）寫道，「這些年我一直讀《轉法輪》，找到了無法捨棄的內在智慧和深遠真理。」

其他人也指出法輪功對健康有益。來自美國的白人傑森（Jayson，195 號受訪者）寫道，他當時在尋找一種功法「以提升內在能量，但沒有一種武術有我想要的東西」。211 號澳洲受訪者表示，最初是親人的疾病使他走進法輪功。兩名馬來西亞出生的澳洲人提到，他們當時正在尋找一種強身健體的鍛鍊方法。洛根（Logan，32 號受訪者）說，他那時「正在尋找某種形式的鍛鍊來改善健康，偶然學煉了法輪功，但完全不知道這是什麼」。洛根在五十多歲時被診斷出患有肝炎，煉功後身體狀況「顯著改善」。他說，煉功和規律地學法使他更加健康。五十多歲的莫莉（Molly，48 號受訪者）寫道，「我當時想學氣功，看到有人在我家附近煉法輪功，就加入了。」莫莉說，她曾患有哮喘，在學煉法輪功之前必須吃藥；煉功後，她的健康狀況大大改善了。

還有班（Ben，301 號受訪者）——一位二十多歲的澳洲白人，他說自己曾患嚴重的抑鬱症。在文字回答中，他提到自己煉功後不

久就有了神奇的體驗。「這些，以及我有過的許多超自然體驗，給了我很大的信心。我知道這是正法正道。」班寫道。在調查期間，班已經修煉了四至六年，他規律地煉功、每天學法。這些文字回答的數據來自不同背景的個人，讓人一窺他們開始煉功的契機。一些回答也顯示，即便中共對法輪功進行殘酷的迫害、極力在海外抹黑法輪功，這些受訪者卻有著堅定修煉的決心。

法輪功帶來身心健康

那麼，是什麼讓全世界上億的法輪功學員變得更健康呢？煉法輪功的受訪者被要求最多選出三個主要原因，來說明法輪功是如何促進健康的。大多數受訪者（91%，328人）表示心性或道德品質的提高使他們更健康；78%的人（280人）提到規律學法是改善健康的另一個原因；約一半受訪者（170人）選擇了「每天煉功」；44%受訪者（158人）認為對生活態度的積極轉變使他們變得更健康；逾14%的受訪者（51人）認為，抗壓能力的提高是改善健康狀況的原因之一；約7%（24人）提到法輪功的心得交流會；還有5%（18人）提到他們身在法輪功學員群體之中。

近1.4%，即7名受訪者給出了很特別的回答。一名生活在英國的大學生寫道，法輪功之所以能促進健康，是因為這門功法「賦予人生以意義」。一位二十多歲的美國營銷經理表示，法輪功對社會各個方面都有益。但很遺憾，兩位都沒有進一步說明。辛西婭（142號受訪者）寫道，以上提到的所有因素——提高心性、不斷學法、煉功、對生活態度的積極改變、更好應對壓力的能力、參加心得交流會、與學員在一起——都「對我的整體健康和身心安適起著關鍵

作用」。

還有塞巴斯蒂安（182號受訪者），煉法輪功後，他的格林－巴利綜合症完全消失了。他描述了「一種令人難以置信的世界觀的轉變，即從更開闊的視角看問題，而不是只關注自己的需求」。他提到了內在認識的轉變，「這不是一次性完成的，而是從我煉功開始，視角就在不斷擴大」。他說自己所獲得的理解，是從常規地學法、向內心找答案、放下自我、先考慮別人之中得到的。

最後一份文字回答來自盧卡斯（Lucas，196號受訪者）——一位來自加拿大的歐裔白人。他寫道，「身體被師父淨化」是煉功人更健康的原因之一。淨化身體是大多數學員剛開始煉功就知道的一個過程，也是他們煉功中會經歷的過程。對一些人來說，淨化身體可能很快出現；對其他人來說，淨化身體可能是個漸進過程，會在修煉的任何階段出現，就像層層剝掉洋蔥皮一樣。由於淨化身體對新老學員來說都是一個經常談論的話題，這個概念會在第十二章「心勝於物」中再次討論。

第十一章

法輪功與非法輪功受訪者

觀察法輪功修煉者和非修煉者之間的相似和不同之處，有助於洞察法輪功修煉者的人口特徵、身心健康以及修煉狀況。澳洲調查展現了這兩個群體的異同。除了精神信仰之外，這兩個群體有著相似的特徵。不修煉的受訪者來自於法輪功修煉者的家庭成員、朋友或同事，他們是和法輪功受訪者一起生活或者工作的人。親友也許並不是最理想的對比群體。但是，除了家庭與工作環境相似、地理距離較近之外，兩者的身心健康程度大不相同。當然，和所有研究一樣，其它因素也可能影響到調查結果。

兩個群體之間可觀察到的區別包含了健康史、個人的身心健康報告，以及個人對於身心健康的評估。雖然非法輪功受訪者也是健康人群，但是法輪功受訪者報告的身心健康狀況優於不修煉的群體。澳洲調查顯示，法輪功受訪者更加可能報告優秀的健康狀況、對自己的樂觀態度，並且對於個人身心健康和生活狀態持有更加積極的看法。表3和表4總結了兩個群體的異同。

兩個群體的一個相似之處是女性多於男性。這和中國國內和國外的法輪功研究結果是一致的。兩個群體中，女性人數都超過了男性，說明女性可能比男性更加容易接受、並且在精神上更加傾向

於認同法輪功。這一現象並不奇怪，七十多年來的蓋洛普調查顯示，女性比男性更具有精神和信仰傾向（Gallup Jr., 2002; Winseman, 2002a, 2002b, 2003）。蓋洛普調查結果顯示，女性更加傾向於信仰宗教，更加致力於精神上的追求，更加勤奮修煉，更加積極參與宗教團體。其原因包括，從傳統、社會和文化角度來說，婦女扮演了母親和養育者的角色；此外還有女性和男性在意識上的諸多不同。

其它研究也顯示，女性更加傾向於使用心身療法，例如冥想入靜和冥想性的運動（Barnes et al., 2004; Mehta et al., 2007; Upchurch et al., 2007）。和男性相比，更多女性報告她們使用輔助療法或另類療法；更多受過高等教育的美國亞裔女性喜歡冥想入靜、東方冥想習練，以及其它輔助療法或另類療法（Mehta et al., 2007）。女性更加樂於嘗試不同的事物，更加接受將輔助或另類療法與常規醫療結合使用。女性「經常是家裡的健康事務管理員」（Upchurch et al., 2007, p. 103），這和婦女的傳統角色是相符的。

法輪功和非法輪功受訪群體的另一個相似之處在於年齡範圍相近。兩個群體之中，人數最多的年齡段都是30到39歲以及40到49歲，也就是40歲前後的年齡段。由於沒有要求受訪者提供具體年齡，年齡段只大致顯示兩個群體的平均年齡都低於50歲。法輪功修煉者的這一年齡範圍和三個不同的北美調查結果相似。然而，五項在中國進行的健康調查顯示，樣本總數的62%以上都超過50歲。數據顯示，中國之外的法輪功學員比中國之內的年齡略低。對此現象的一種解釋，是與澳洲、新西蘭、加拿大和美國的移民法規有關。這些國家是中國人移民的最常見目的地。在澳洲調查中，大多數受訪者報告其居住地是這四個國家。而這些國家一般樂於接受年輕和受過良好教育的人前來學習或定居。

還有一個相似之處是教育水平。33%的法輪功受訪者（117人）以及 34%的非法輪功受訪者（79人）至少擁有大學學歷。兩個群體中，高中畢業都是人數第二多的群體。這一群體在法輪功受訪者中占 29%，在非法輪功受訪者中占 32%。而法輪功受訪者中有研究生學歷的人較另一群體更多：30%的法輪功受訪者（107人）報告擁有碩士或博士學位；相比之下，這一比例在非法輪功修煉者中只有 16%（36人）。

最後，兩個群體的相似性也在某些職業中體現出來。例如，15%的法輪功受訪者以及 16%的非法輪功受訪者從事商業或電腦科技方面的職業。兩個群體在人口、教育、職業背景方面的相似並不讓人吃驚，因為在調查中，法輪功受訪者邀請了他們的親友和同事作為非法輪功受訪者。

民族多樣性

法輪功和非法輪功受訪者的相似性也表現在民族多樣化：法輪功群體包含了 37 個民族，非法輪功群體則包含 33 個民族。這種多樣性也體現在受訪者的母語或兒童成長期間的語言。法輪功受訪者中，將近三分之二人的母語不是英語，44%（164人）報告其母語是漢語或者某種漢語方言，例如廣東話、客家或福州話。許多法輪功受訪者會說兩種或多種語言。他們會說英語、漢語、幾種漢語方言或其它語言。例如芭芭拉會說英語和波蘭語，她協助翻譯英語和波蘭語的法輪功材料。許多居住在歐洲的受訪者會說三種或更多語言。他們報告自己會說漢語、英語，外加第三種語言，例如德語、意大利語、葡萄牙語、俄語、西班牙語或瑞典語。

兩個群體的出生國家數據也反映出相當多樣化的特點。法輪功受訪者的出生國度有 45 個，非法輪功群體有 37 個。然而，75% 的法輪功受訪者和 81% 的非法輪功受訪者主要居住在兩個地區——南半球的澳洲和新西蘭，以及北半球的美國和加拿大。這四個西方國家是法輪功群體青睞的移民目的地。許多法輪功受訪者是移民、留學生或短期訪問者。由於 1999 年 7 月之後的殘酷迫害，中國大陸法輪功修煉者在這兩個地區學習或訪問時，可以在所在國申請綠卡或永久居民。這不僅只是一種程序，法輪功人權方面的活躍人士可以藉此得到庇護，因為他們回到中國會有生命危險。

前文提到，澳洲調查顯示，華人是法輪功受訪者中的最大群體。在 37 個民族中，華人占 47%（170 人）；在非法輪功受訪者中，華人也是最大群體（27%，63 人），但是比例比法輪功受訪者低很多。中國以外的其它相關研究也顯示出華人的比例很大（見第六章，表 1：迫害剛開始時中國以外法輪功研究的綜述）。

同時，法輪功受訪者和非法輪功受訪者群體都有一些跨民族的成員。比如有幾位法輪功受訪者報告自己是盎格魯 - 凱爾特人、越南華人、韓國華人，有些非法輪功受訪者報告自己是阿卡迪亞古巴人、非洲印第安人、黎巴嫩波利尼西亞人。許多人則乾脆說自己是美國人或者澳洲人，故而無法判斷其民族淵源。

澳洲調查中的法輪功與非法輪功受訪者，在總體上具有民族多樣化和文化多元化的特點。澳洲法輪功小組活動也體現出民族的多樣化，白人、亞裔、馬來西亞、柬埔寨、朝鮮、日本、菲律賓、越南和其它少數民族的人數，有時超過在中國出生的華人。澳洲調查受訪者的民族多樣化，顯示出法輪功已經傳播到多種民族、多種文化背景之中。早期對法輪功的研究代表了法輪功在中國以外發展的

早期階段，而2007年的澳洲調查則反映出法輪功群體在中國以外更加壯大的時期（Lau, 2010a）。

這項澳洲研究之所以呈現出兩個群體的民族多樣化，也可能是因為網上調查吸引了全球各地許多熟悉網絡的法輪功修煉者。他們也帶來能上網的非法輪功親友參與對比群體。

在法輪功的大型活動，如集會、遊行、在中共使領館外靜坐或交流會中，都有更多的亞洲人和華人參與。而澳洲調查則包括了更大比例的西方人和說英語的法輪功修煉者。一個原因可能是網上調查使用了英語，因此說英語的人更容易參與。幾個說漢語的受訪者給研究者郵寄了紙質答卷，研究者再組織人工翻譯並輸入數據庫。

兩個群體的差異

法輪功和非法輪功受訪者的群體差異主要在於醫療史、生活習慣、生活質量、身心健康狀態、生活態度，以及對自己身心健康狀態的看法等方面。雖然兩個群體都基本健康，但調查結果顯示，法輪功受訪者報告的身心健康狀態的各項結果，一致優於非法輪功受訪者。法輪功受訪者鮮少造訪醫療人員，沒有或較少吃藥或補充劑。在完成問卷之前的六個月中，只有略多於8%的法輪功受訪者（30人）曾經造訪醫療人員一到三次；相比之下，這一比例在非法輪功修煉者中達到55%（127人）。數據顯示，就醫的法輪功修煉者一般是去做妊娠或工作相關的醫療檢查，或去獲取工作需要的健康證明。

兩個群體的第二大差異是，法輪功受訪者報告他們現時存在的健康問題少於另一群體。不到3%（10人）報告他們因輕度健康問題就醫；而非法輪功群體中，報告造訪醫生者的比例超過30%（73人）。

與此相似，不到 2% 的法輪功受訪者（6 人）報告患有慢性或長期疾病，這一比例在非法輪功受訪者中則達 12%（27 人）。此外，法輪功受訪者中，沒有人報告開始修煉之後患有嚴重疾病，不論是否威脅生命；而非法輪功修煉者中，這一比例超過 5%（12 人）。

第三個重大差異在於服用藥物和健康補充劑。法輪功受訪者中，95%（341 人）報告不吃藥、維生素、補充劑，也不採用順勢療法。相比之下，非法輪功群體中，這一比例是 35%（81 人）。與此相似，92% 的法輪功受訪者（330 人）表示沒有醫療或保健開支；在非法輪功群體中，這一比例為 33%（77 人）。

生活習性的不同

第四個重大差異體現在吸菸、飲酒、使用軟性毒品等方面的生活作風和習性。幾乎所有法輪功受訪者都不抽菸、不喝酒、不用軟性毒品。8 名法輪功受訪者報告喝酒，1 名報告使用軟性毒品。數據顯示，他們都是剛開始修煉的新學員。那些過去有這些癮好的受訪者報告說，他們在修煉之後很快戒除了這些習慣。在法輪功新學員中，生活習性和行為方式的快速轉變是非常普遍的。許多人認識到這些不健康的生活習性和欲望阻礙他們的修煉及身、心、靈的整體提高，因而戒除了癮好。法輪功教導，修煉者身體內有「功」，也就是修煉的能量。一旦修煉者認識到抽菸喝酒會破壞功和淨化身體的過程、影響功力的增長，他們便因此戒斷了這些習慣。由於法輪功修煉的是人的「主意識」，由此改變和轉化物質身體，因此保持思想的理智和純潔非常重要。

對於紐約學員斯特林‧坎貝爾（Sterling Campbell）來說，改變

老習慣是非常迅速的事。坎貝爾1998年開始修煉法輪功。他說，「作為音樂家，我周圍的環境不太健康。」他以前是歌手大衛·鮑伊（David Bowie）的鼓手。坎貝爾將他的工作環境形容為「壞影響的洪流」、給他帶來許多問題。但是他在修煉一個月內就戒除了惡習。當被問到是怎麼做到的，他說，「我就是一下擺脫了這些職業流行病、酒精和毒品。」今天，他還沉醉於音樂事業，同時走在法輪功修煉的道路上。帶著勝利的笑容，坎貝爾說，自從修煉法輪功之後，他從來沒有回到不健康習慣的老路上去。

法輪功和非法輪功受訪者在飲酒方面的差異非常突出。法輪功受訪者中，97%（349人）報告完全不喝酒；非法輪功受訪者中，這一比例則是37%（85人）。在修煉法輪功之前喝酒的人當中，有

歌手大衛·鮑伊的鼓手斯特林·坎貝爾（左）在紐約中央公園打坐。(NTD.tv)

97%（168 人）表示他們在開始修煉之後不再喝酒。非法輪功受訪者的情況則大不一樣。喝酒的非法輪功受訪者之中，一半以上報告沒有戒酒的意願。調查數據顯示，法輪功受訪者願意改變生活方式以遵循健康的習慣，而非法輪功修煉者則與此不同。

生活質量的差別

SF-36 健康調查中，兩個群體間的第五大區別在於生活質量。多於一半的法輪功受訪者（54%，192 人）報告優異的整體健康狀態，而非法輪功群體中這一比例只有 10%（24 人）。法輪功受訪者中，更多人報告身體狀況沒有影響到劇烈的、溫和的或其它的日常活動，

2017 年 5 月 12 日，西方法輪功學員在紐約曼哈頓舉行的慶祝世界法輪大法日遊行活動中。
(Samira Bouaou/Epoch Times)

例如爬幾層樓梯、彎腰、跪下或遠距離行走。法輪功群體更多報告他們的社會生活不受身體或情緒的影響。法輪功受訪者中，大部分人表示對於生活狀態有積極的想法和感受。大約81%至84%的法輪功受訪者（293至303人）表示，他們多數時間裡感到快樂、鎮靜、平和，並且充滿活力。當被問到是否受到負面情緒的影響，大多數法輪功受訪者表示「沒有，或非常少」。同樣，他們對自己的身心健康也比非法輪功受訪者更加樂觀。表2總結了SF-36健康調查中兩個群體的一些差別。

此外，SF-36健康調查中各項皮爾森卡方檢驗顯示，法輪功和非法輪功受訪者群體的差別在 $p=<0.001$ 錯誤水平上具有顯著統計意義。皮爾森卡方檢驗判別觀察數據有多大可能性是由於偶然性造成的。這兩個群體間身心健康的差別僅僅來自於偶然性的可能性只有不到1‰。這也顯示，修煉法輪功與否，可能是這兩個群體間可感知差別的原因所在。但是，僅依賴澳洲調查的結果，還不能建立法輪功修煉和身心安康的因果關係。

要建立因果關係，研究者開始了一項縱向追蹤研究——「心靈提升」（Hearts Uplifted）專題，以探索法輪功對於身心健康的長期效果。這一研究正在進行之中，旨在探索修煉人如何應對日常生活中的壓力和重大轉折。不過，SF-36調查已顯示，法輪功對促進身心健康有積極效果。我們將探索樂觀積極的態度（也就是法輪功修煉者所說的「正念」）對身心健康的重要作用。

積極的態度

人們普遍認為，積極樂觀的態度能夠增進人的身心健康和幸福

■表2
SF-36 健康調查中兩個群體的差異

項目	法輪功受訪者	非法輪功受訪者
整體健康狀況	優異：53%，192人	優異：10%，24人
身體健康限制各種日常活動	完全沒有影響到 劇烈活動：　　73%，261人 適度活動：　　93%，333人 爬樓梯：　　　87%，314人 彎腰、跪下：　91%，328人 走1英里以上：91%，326人	完全沒有影響到 劇烈活動：　　41%，94人 適度活動：　　68%，157人 爬樓梯：　　　58%，133人 彎腰、跪下：　65%，150人 走1英里以上：68%，25人
身體和情緒問題影響社會生活的程度	完全沒有：　83%，297人 輕度：　　　14%，51人 中度：　　　1.4%，5人	完全沒有：　56%，128人 輕度：　　　27%，62人 中度：　　　11%，25人
正面感受 & 過去狀態	大多數時間 充滿活力：　81%，293人 寧靜安詳：　83%，298人 能量充沛：　82%，294人 快樂：　　　84%，303人	大多數時間 充滿活力：　55%，127人 寧靜安詳：　44%，102人 能量充沛：　44%，100人 快樂：　　　64%，147人
負面感受 & 過去狀態	沒有，或者很少有 非常緊張：　86%，308人 陷入低谷：　73%，262人 憂鬱低落：　92%，330人 精疲力盡：　87%，312人 疲勞：　　　78%，279人	沒有，或者很少有 非常緊張：　71%，162人 陷入低谷：　49%，113人 憂鬱低落：　69%，159人 精疲力盡：　43%，98人 疲勞：　　　39%，89人
身體和情緒問題影響社會生活的時長	完全沒有：　81%，292人 法輪功受訪者較少報告社會生活受到影響。	完全沒有：　51%，118人 非法輪功受訪者較多報告社會生活受到影響。
對自己身心健康的看法	以下是絕對錯誤的描述 我比其他人稍微更加容易得病：　　　　　87%，313人 我認為我的健康會變壞： 　　　　　　90%，324人 以下是絕對正確的描述 我和我認識的人一樣健康： 　　　　　　65%，234人 我的健康優異：76%，274人	以下是絕對錯誤的描述 我比其他人稍微更加容易得病：　　　　　47%，108人 我認為我的健康會變壞： 　　　　　　36.5%，84人 以下是絕對正確的描述 我和我認識的人一樣健康： 　　　　　　31%，72人 我的健康優異：19%，44人
總結	對健康的自我感覺報告比非法輪功群體更加樂觀。	對健康的自我感覺報告不如法輪功群體樂觀。

(Lau, 2010a)

感，這種看法是正向心理學（Positive Psychology）的核心。這一研究領域注重於積極的狀態，例如幸福、樂觀以及基於力量的方法。馬丁‧塞利格曼（Martin Seligman）教授是《教出樂觀的孩子》（*The Optimistic Child*）和《真實的幸福》（*Authentic Happiness*）兩書的作者，他推廣了正向心理學的概念，認為樂觀的態度能夠增進身心健康。塞利格曼說，樂觀與身心健康、長壽、減少抑鬱有關，並可帶來「更大的幸福」（Wallis, 2005, p. 44 引用）。其他作者也注意到積極正面的思想和情緒對於健康的強大作用（Fredrickson, 2000; Lemonick, 2005; H. Li, 2001d; Wallis, 2005）。換一種說法，希望、快樂、寧靜、樂觀、積極和正念能夠強化身心健康，而憤怒、焦慮、壓抑、恐懼、嫉妒和其它負面情緒則有損健康。與此相似，傳統中醫認識到強烈的、尤其是負面的情緒能夠影響到人的身體，造成失衡和各種疾病（Maciocia, 1989）。

　　法輪功提倡修煉正面的品質、積極的態度，以及正念。當正念成為主導，身、心、靈的健康就能占據主導地位。SF-36 健康調查的結果顯示，法輪功受訪者對於自己的身心健康比非法輪功受訪者更加樂觀。大部分人（76%，274 人）認為自己健康優異，而非法輪功受訪者中這一比例只有 19%（44 人）。法輪功受訪者中有 90%（324 人）不認為自己的健康會變壞，而非法輪功受訪者中這一比例只有 37%（84 人）。將近 90% 的法輪功受訪者不認為自己容易得病，而非法輪功群體中這一比例是 47%。

　　大部分法輪功受訪者報告自己精神快樂、充滿活力、對生活狀態滿意。絕大多數法輪功受訪者不認為健康會惡化，而多數非法輪功受訪者則認為有這種可能。數據也顯示，法輪功修煉者不擔心身體、情緒和心理問題，也沒有影響到日常生活。總體來說，和非法

輪功受訪者相比，法輪功受訪者對於他們的生活與未來持有更加積極樂觀的態度。

對於差異的思索

兩個群體在身心健康方面的差異非常明顯。法輪功受訪者比另一群體報告更好的身心健康水平。有趣的是，數據顯示，法輪功受訪者在開始修煉之前比非法輪功受訪者有更多的健康問題和病症。46%的法輪功受訪者（164人）報告說，他們在開始修煉之前患有多種不同疾病。這些人中50%患有兩種或更多疾病；而在開始修煉之後，他們身體狀況迅速改善或完全康復，讓醫生感到不可思議。

或許修煉法輪功與否能夠解釋這兩個群體的差異。在現代社會，人們傾向於把健康養生與花錢、與做些什麼事情聯繫在一起，不論是健康或有機食品、運動健身、花錢參加冥想或瑜伽課程、使用各種保健產品或服務，還是服用維生素和補充劑等等。而法輪功卻恰恰相反，修煉者向內心尋找原因和答案，以化解生活中的麻煩和衝突，而不是在外在事物上花錢。他們需要修煉自己的內心，提高心性或道德標準。為了修煉好自己，他們需要學習修煉的教導、發正念，並且盡自己的一份力向他人講清這一修煉法門的真相。為了達到身、心、靈的最佳提升，他們需要煉功以輔助正念修煉。

修煉法輪功不需要花錢，購買法輪功紙質書只收印刷成本費。教授法輪功的電子書、視頻，以及煉功音樂，不論是英語、漢語或其它語種，都可以從法輪功的官方網頁免費下載，沒有隱含費用，沒有會員年費或登記費，沒有教功課程學費，沒有大會會費，其它法輪功活動也都不收費。

這種身、心、靈的修煉強調提高道德品質，這是身心和精神健康的關鍵。提高道德品質，必須修煉內在的心性，包括「向內找」來審視自己，而不是向外尋求答案。遵循宇宙的「真、善、忍」法則，這是修煉法輪功的基礎。這意味著修煉者應該完成所賦予的三項任務——學法煉功、發正念，以及講清法輪功真相。最後一點指的是，向那些被中共反法輪功宣傳蒙騙的公眾講解法輪功的真實情況。

法輪功為上億民眾帶來了積極影響，這一事實表明了他的功效。這一門修煉啟悟了他們以不同常人的方式應對生活中的挑戰，教會他們放棄阻礙自己修煉的東西，凡事無所馳求、隨其自然，也就是修心，成為一個更富慈悲心的更好的人。走上這條道路涉及各個層面的改變過程，涉及放棄心理和行為上的執著、欲望和癮好，例如抽菸、喝酒、吸毒、賭博以及其它惡習。這意味著提升我們的內心

1998年12月26日清晨，中國北京勞動人民文化宮內，老老少少的學員在習煉法輪功第三套功法。（明慧網）

和道德品質。這就要求我們要「真」、要「善」，並且能「忍」。其目標是消除我們的執著，包括所有不良習慣、惡習和不健康的心理狀態；在儘量符合常人社會狀態的同時，遵循法輪功的教導。「修得執著無一漏，苦去甘來是真福。」（《洪吟》〈迷中修〉）由此，修煉者將獲得身、心、靈的整體健康。

雖然這兩個群體具有許多相似的特徵，但二者之間有個根本差異：法輪功受訪者做事和看問題的方式不同於非法輪功。面對健康問題或疾病，常人會首先求助於醫生，而不會太多審視自己的內心和精神是否符合恰當的道德操守，或者有沒有遵循「真、善、忍」。常人都看不到身心健康與內心和道德品質提升之間的內在聯繫。而法輪功則教導修煉者必須始終先檢查自己的內心，以發現自己尚未放棄的不良或自私的習慣和行為。換句話說，常人看重的是暫時的健康狀態，而法輪功的法理則更高、超越於物質世界，重在道德品質的提升和「返本歸真」（見《轉法輪》、《法輪大法義解》）。修煉者在心性提高、心靈充實的同時，自然會達到身心健康。

法輪功的效果經常超越常人的邏輯，例如在澳洲調查中有很多完全康復的事例，許多受訪者奇蹟般地徹底痊癒，例如芭芭拉，以及患有格林－巴利綜合症的塞巴斯蒂安（Sebastian），還有患有病毒性心肌炎的年輕的哈里（Harry）。這三人都從衰竭狀態中康復。一旦人們開始習煉法輪功並學習其教導，他們就會意識到，修煉並不是要在一生當中獲得更佳的健康保障，就像常人期望保持健康一樣。他們認識到健康狀態只是真正修煉的副產品。

簡而言之，法輪功之道包括煉功、學法，在日常生活中遵循「真、善、忍」原則，向內找，放棄執著心。隨著修煉，他們自然而然達到更佳的健康狀態，很少或根本不用去造訪醫生或自然療法人員，

2015年12月5日,澳洲悉尼楊鎮(Young),法輪功修煉者參加國家櫻桃節遊行。(明慧網)

也很少吃藥或完全不吃藥。如果修煉法輪功給更多人帶來健康,讓他們很少用藥或不用藥、減少了醫療保健費用,那麼對社會的總體影響將是巨大的。這種現象的確在1990年代末期的中國出現了,當時法輪功成了億萬中國人的生活方式。清晨,中國各地成千上萬的民眾在城市公園和公共場所靜靜地習煉法輪功,從而獲得了身心健康。從1998年的中國健康調查來估計,接受調查的法輪功學員每年在醫療保健費用方面總體節約了1,000餘萬美元(Authors Unknown, 2002)。對許多中國人來說,法輪功是最佳選擇,直到1999年7月20日中共政權開始在全國範圍內迫害法輪功學員。同年,一位來自中共國家體育委員會的官員表示,法輪功讓每個學員每年節約醫療費用1,000元人民幣(約152美元),這大約是1999年中國職工年收入的10%(Falun Dafa Information Center, 2015a)。文章還說,這位中共官員曾公開表示,如果1億中國人習煉法輪功,每年節省的醫療費用可達1,000億元人民幣(約合150億美元)。

■表3

兩個群體人口特徵的比較

項目	法輪功受訪者	非法輪功受訪者
性別†	女性人數多於男性 女： 57%，206 人 男： 42%，151 人 數據缺失 =3 人	女性人數多於男性 女： 63%，146 人 男： 35%，81 人 數據缺失 =3 人
年齡段	人數最多年齡段（眾數）： 30 至 39 歲 （26%，93 人） 平均值：3.72 數據缺失 2 人	人數最多年齡段（眾數）：20 至 29 歲 和 50 至 59 歲 （22.2%，51 人） 平均值：3.74 數據缺失 2 人
婚姻狀態	已婚： 61%，218 人 從未結婚： 24%，85 人 事實婚姻關係： 1.4%，5 人 數據缺失 2 人	已婚： 48%，110 人 從未結婚： 31%，72 人 事實婚姻關係： 8.3%，19 人 數據缺失 2 人
民族	共 37 個民族	共 33 個民族
出生國家	共 45 個國家 第一：中國 8%，97 人 第二：亞洲 24%，86 人 第三：澳洲、新西蘭 19%，68 人 第四：加拿大、美國 13%，46 人	共 37 個國家 第一：澳洲、新西蘭：40%，92 人 第二：亞洲 21%，48 人 第三：中國 10%，23 人 第四：加拿大、美國： 9.6%，22 人
居住國家	第一：澳洲、新西蘭 43%，154 人 第二：加拿大、美國 32%，114 人 第三：亞洲 14%，51 人	第一：澳洲、新西蘭 66%，151 人 第二：加拿大、美國 15%，35 人 第三：亞洲 11.5%，26 人
英語是 第一語言	英語是第一語言： 35%，128 人 英語不是： 63%，226 人 漢語或漢語方言是第一語言： 44%，164 人	英語是第一語言： 57%，130 人 英語不是： 41%，94 人 漢語或漢語方言是第一語言： 23%，53 人
最高教育水平	商業、信息技術： 15%，54 人 藝術、媒體、社會科學、綜合職業： 15%，54 人 文祕、銷售、管理： 12%，43 人	商業、信息技術： 16%，36 人 文祕、銷售、管理、服務業： 14%，33 人 退休、家務： 14%，31 人
總結	主要是華人和亞裔，英語是第一語言。最多居住在澳洲、新西蘭或加拿大、美國。	多數人以英語為第一語言。最多居住在澳洲、新西蘭，或加拿大、美國。
	兩個群體都以已婚、多種族背景、受過高等教育、從事各種專職的女性為主。	

（Lau, 2010a）

註†：只包括顯著特徵數據，因此百分比加在一起不是 100%。

■表4
兩個群體間醫療史和健康狀態的比較

項目	法輪功受訪者	非法輪功受訪者
造訪醫生†	沒有造訪： 88%，316人 數據缺失＝6人 1～3次： 8.3%，30人	沒有造訪： 28%，65人 數據缺失＝4人 1～3次： 55%，27人
原因及造訪次數	需就醫的問題較少： 體檢： 0.6%，2人 輕微問題： 2.8%，10人 慢性/長期： 1.7%，6人 有或無生命危險的嚴重疾病： 無	需就醫的問題較多： 體檢： 11%，26人 輕微問題： 32%，73人 慢性/長期： 12%，27人 無生命危險的重病： 4%，9人 有生命危險的重病： 1.3%，3人
使用藥物和補充劑	不用藥： 95%，341人 處方藥： 1.9%，7人 維生素、補充劑：1.4%，5人 非處方藥： 0.3%，1人 順勢療法： 0.3%，1人 西方草藥： 0.3%，1人 中草藥： 0% 數據缺失＝ 4人	不用藥： 35%，81人 處方藥： 32%，74人 維生素、補充劑： 29%，66人 非處方藥： 16.5%，38人 西方草藥： 3%，7人 中草藥： 5.6%，13人 順勢療法： 4%，9人 數據缺失＝ 8人
醫療保險	否： 99.7%，355人 數據缺失＝ 4人 是： 0.3%，1人 （其藥品並未被列為軟性毒品）	否： 92%，211人 數據缺失＝ 11人 是： 3.5%，8人 （4人無計劃戒斷）
總結	總體來看，他們有非常健康的生活習慣，比非法輪功群體擁有更加良好的身心健康。多數人不看醫生、不吃藥，醫療保健費用很少。幾乎所有人都不吸菸、不飲酒、不用軟性毒品。	總體來看，他們健康，生活習慣一般，更經常就醫，更多服用藥物、補充劑或採用療法；在醫療保健上花錢更多。吸菸、飲酒或使用軟性毒品的人中，約一半人沒有戒除的打算。

（Lau, 2010a）
註†：在澳洲調查之前的六個月內。

2016 年 7 月 18 日至 22 日，墨西哥六百多名負責學校安全的警察學習了法輪功功法。這是他們夏季訓練課程的內容。（明慧網）

2019 年 1 月 12 日，印尼巴丹島第 43 國立中學約 800 名學生在大操場學煉法輪功。（明慧網）

第十二章

心勝於物

身本無病，惟心致之。

——蘇格拉底

我們可以因自己的積極想法而康復，也能因為擔憂而生病，這其實並不是一種超前的理念。當今有大量科學證據表明，我們的精神——思想、信念和態度會對我們的健康產生正面或負面的影響（Rankin, 2013）。換句話說，我們的身體狀況和我們的思維方式、內心或思想中想的東西是對應的。保持積極態度或保有很強正念對我們的健康至關重要。蘭金（Rankin）女士（2013）用現代科學研究來說明為何僅憑我們的思維方式，就能決定自己要健康還是生病，這種現象被稱為「心身聯繫」（The mind-body link）。

法輪功是一種心身修煉體系，強調這種心身聯繫，認為心勝於物（Mind over matter）。法輪功的教導說：「大家知道真正得病的，是七分精神三分病。」（《轉法輪》第六講）李老師在《轉法輪》第一講中還指出：「物質和精神是一性的。」這說明我們的思想是有力量的，可以影響我們的身心安適——讓我們或是生病或是健康。例如，疾病首先會在精神上體現出負面思想或不和諧狀態。李洪志先生說：「你老認為你有病的時候，說不定就能把你自己導致成病。」

「煉功人你老認為它是病,實際上你就是求了,你求得病,那病就能壓進去。」「你不要老害怕是病,怕是病也是執著心,同樣會給你帶來麻煩。」(《轉法輪》第六講)

這裡必須強調的是,只有通過閱讀法輪功的教導,才能對法輪功有更多的了解和認識。而這裡討論的內容,是根據筆者亦即研究者個人的理解,並結合了澳洲調查結果而得出的。網上調查的結果表明了中國以外的學員所報告的法輪功養生保健效果。雖然許多受訪者在書面報告中表示其疾病完全康復、體驗了超常的療效和／或他們的健康和醫療問題得到顯著改善,但在閱讀了他們的報告後,法輪功是如何幫助無數人恢復健康的,仍是懸而未決的問題。這些難以解釋的療癒經歷往往被稱為「奇蹟」。因此,在此簡單地提及一些和修煉相關的概念是有意義的、切題的,例如業力、淨化身體、正念、德、向內找、提高心性(提升道德品質)等等。

業的概念

我們就從事物的根源「業」(或業力)這個議題開始。韋氏線上詞典將業定義為「一個人的行為所產生的一種力量,在印度教和佛教中相信它會決定該人下一世過得如何」。業(Karma)是梵語,意指明知或故意採取的行動或作為。因此,業與輪迴轉生的觀念相聯繫,即相信人死了還有靈魂存在,會投生或經歷無數生命周期。這樣,一個人一生中行為好壞所產生的影響,就會從一個生命周期傳遞到下一個生命周期。不過,有必要指出一點,基督徒不相信輪迴。

一般人經常把業劃分為善業和惡業。但在法輪功的用法中,

「業」只帶有負面的含義，而「德」則用來形容善的品行。這意味著業沒有好的，因為業通常是錯誤行為產生的。法輪功的教導說，業有兩種類型。「由於人生生世世所做的一些不好的事，給人造成災難，給修煉者造成業力的阻力，所以會有生老病死的存在。這是一般的業力。」（《轉法輪》第六講）

第二種類型的業，叫做「思想業」。「由於人迷於常人之中，時常在思想中產生一種為了名、利、色、氣等而發出的意念，久而久之，就會形成一種強大的思想業力。」（《轉法輪》第六講）這種思想業是生生世世積累而成的，它會產生嚴重的影響。李老師為長春市法輪功學員題詩說：「非是修行路上苦，生生世世業力阻。」（《洪吟》〈因果〉）換句話說，過去的錯誤行為或思想產生的業力導致了我們現在的生活境遇。

據法輪功的教導，疾病和業力有關。「造成他有病和所有不幸的根本原因是業力，那個黑色物質業力場。」（《轉法輪》第七講）業力是生生世世因為做壞事、想壞事或負面的想法而累積的黑色物質。它來自於今生和前世的不好念頭與言行。在西方基督教的用語中，業力類似於犯罪或做壞事的概念。一個人有負面的想法，並且／或者做惡事、犯惡行，就會累積業力，用基督教的說法就是犯罪。由於生生世世積累的業力，人的靈魂必須經歷輪迴——出生、活著、死亡、轉生的循環。

業的概念有助於解釋人類存在的宿世因緣或業力輪報關係。換句話說，人們在目前生活中所經歷的疾病或任何不幸，都是前世或今生所犯過錯的表現。這意味著我們對於自己今生所遭遇的情況負有部分責任，不過，很多人難以接受這樣的觀念。業（一種生生世世累積的黑色物質）可以決定一個人的健康幸福，或者生病和不幸。

法輪功教導，疾病其對應著陰暗或黑色的能量場。疾病被視為業力的表現，而今生的苦難可以說是在償還我們所欠的業債。

因此，所有的疾病都是有原因的，不是偶然的。為了修煉到高層次，法輪功學員必須提高和完善自己的道德品質、消除業力，也就是身體積累的黑色物質。修煉者通過忍受痛苦與磨難，經歷這樣一個淨化的過程，才能夠將黑色的業力轉化為白色物質，也就是中國人所說的德。德不是一個抽象的概念。《轉法輪》指出，「德是一種物質。」（第一講）「我們講，德就是自己承受了痛苦，吃了苦，做了好事得來的。」（第四講）當這種轉化發生時，有病的身體可以轉變為健康的身體。

淨化身體

淨化身體和消除業力本質上是聯繫在一起的。淨化身體有助於消除業力，並開闢一條真正能治好病的道路。第 196 號受訪者盧卡斯（Lucas）在他的書面答覆中說，身體淨化有助於改善他的健康。《轉法輪》一書中提到「不斷的淨化身體，不斷的向高層次上發展」（第七講）。

《轉法輪》第一講中說，「真正修煉的人，你帶著有病的身體，你是修煉不了的。我要給你淨化身體。淨化身體只侷限在真正來學功的人，真正來學法的人。」這種淨化身體是為真正的修煉者而做的，是為了讓人能夠修煉。「所有思想中存在的不好的東西，身體周圍存在的業力場和造成身體不健康的因素，全部都清理出去。」（《轉法輪》第一講）

淨化身體有點類似於自然療法中的排毒過程，其中「療合反應」

（Healing reactions）是治療過程中的表現，而不是副作用、負面或不良的作用或禁忌症狀。威爾森（Wilson）將這些反應描述為「受歡迎的療癒跡象」（Wilson, 2011, p. 1），是發生療癒效果的必要條件，而不應誤認為是疾病症狀或健康惡化。在淨化身體的同時，戒掉不良的生活習慣如飲酒、吸菸等，對法輪功學員也是同樣重要的。戒除這些癮好是淨化過程的一部分。

其他專注研究心理神經免疫學（PNI）、精神或宗教與健康之間關係的人堅信，戒掉或減少喝酒和吸菸是改善健康狀況的可靠預測指標。宗教／精神信仰和修煉被證實可以促進人們培養正面和健康的行為，例如少飲酒、少吸菸，也能防止吸毒、危險的性行為和其它不安全、不健康的行為（Koenig, 2004b; Koenig & Cohen, 2002）。

在開始修煉法輪功後，不少人會出現不同的身體淨化反應，包括嘔吐、腹瀉、大量痰液、類似流感的症狀、排泄物中有膿血等。有的人會覺得發冷、頭暈、不舒服，或者骨頭疼，好像感冒了一樣。而另一些人像芭芭拉則沒有這些類似流感的症狀。她最難忘的療癒體驗發生在她開始讀《轉法輪》的時候。她說，她感覺到一種強烈的麻刺感沿著手和小臂往上走，強烈到讓她在半夜醒來。「它持續了幾分鐘，很神奇，因為那是我第一個沒有醒來吃止痛藥就睡到天亮的夜晚。」在那次發生之後，「一切都好了。」芭芭拉說。

許多學員也會注意到，他們以前治好了或治療過的疾病症狀可能又出現了，引起疼痛和不適，這是因為必須去除造成疾病的根本原因。「這樣一來，可能你覺的病又犯了，這是從根本上去業，所以你會有反應。」（《轉法輪》第二講）

除了學法之外，繼續煉功和忍受身體的不適也很重要。對某些人來說，他們只經歷一次性的身體淨化過程。但有一些人的淨化過

程可能會反覆發生，就像剝洋蔥一樣，要一層又一層剝開，直到不正確狀態完全消失。新學員要明白，淨化身體和類似疾病的反應是正常的，它本身並不是病。他們必須認識到，淨化過程是一種正面的反應，一旦從表面症狀中恢復過來，他們就會真正感覺到好轉。因此，讓資深學員分享他們淨化身體的體會，對新學員會有很大的幫助。

學員一旦經歷了這種身體淨化過程，他們的健康就會得到改善。有許多人從病症中完全康復。從這個角度來看，「病」的表現並不是真正的疾病，而是過去錯誤行為所產生的業力表現。為了消除業力，學員要承受一些不適或痛苦。這種消業和淨化身體的協同作用，可以解釋為什麼法輪功受訪者很少用藥、吃補充劑或諮詢醫療業者。這是因為修煉者在淨化身體後，身體健康狀況會比非法輪功學員好。因此，他們就沒有看醫生、用處方藥或非處方藥的需要了。

根據法輪功的教導，業和德（或者說黑色與白色物質）的多少決定了一個人的健康和幸福。在身體淨化的過程中，根據個人的不同修煉狀態，黑色物質業力會轉化為白色物質或正的能量場。一個人的白色物質越多，就越健康、越幸福。一個人的黑色物質越多，就越容易出現疾病和其它磨難。黑色物質越多的人，意味著他的業力場比白色物質多的人更大。而白色物質越多的人，其業力場越小，那麼這個人就越接近於無病狀態。這意味著，一個人經過修煉可以改變黑色與白色物質的多少。要增加白色物質或德，就必須提高自己的心性（或道德品質），成為一個道德高尚的人。換句話說，成為一個高德之人，白色物質或德就會增加，而黑色物質或說業力就會相應減少。

白色物質或德具有正的能量場。在日常生活中，經過吃苦、行

善、承受磨難，可以積德。德與心性或道德品質的提高、精神的提升是有關聯的。修煉者在承受病業或忍受痛苦時，就會消業或淨化身體，在這過程中，黑色物質會轉化為白色物質。因此，修煉者的正面或負面想法、言語和行為可以決定他的健康狀態。真正修煉法輪功的人都明白這一點。他們明白，修煉法輪功並沒有禁止或阻礙他們吃藥或就醫，當出現疾病時，是否就醫是他們自己的選擇和決定。在學習《轉法輪》的過程中，他們認識到，修煉不僅只是為了治病或保持身心健康。不過，不修煉法輪功的人可能很難理解和接受這些觀點。

正念

從表面上看，可以說修煉中的正念（Righteous thoughts）與正向思考（Positive thinking）的概念相當。後者指的是積極的人生觀或擁有正向的態度，這是那些勵志演說家、導師和作家在教人如何正向思考的書籍、錄音帶和講座中都會強調的。正向思考也被稱為心力哲學（Mind-power philosophy），是正向心理學（Positive Psychology）、心身醫學、心身實踐、商業激勵策略、安慰劑效應研究和各種自我訓練方法背後的關鍵概念。

然而，法輪功所說的正念卻有著更深的意義、更全面的內涵。從一般意義來說，保有正念和「發正念」的實踐，可以描述為淨化或清除我們心靈、能量場和環境中的負面因素。在法輪功的修煉中，正念與「發正念」（H. Li, 2001c; Minghui.org Editors, 2001b, p. 1, 2005, p. 1）有著特別的關係。明慧網（Minghui.org）編輯部文章指出，發正念的目的是清除學員自己思想中不好的思想念頭、業力、不好的觀念或外來干擾（Minghui.org Editors, 2001a），以及外界一切不

2019 年 5 月 16 日傍晚,法輪功學員在紐約中領館前發正念,並要求中共停止迫害。(張靜怡／大紀元)

好的影響(Minghui.org Editors, 2005)。

在對法輪功的教導獲得基本理解之後,發正念是學員們在修煉中要實踐的重要內容。李老師在他的教導中強調了保持正念的重要性:「修煉一定要修自己的那顆心,一定要去人心,一定要正念看問題。」(《各地講法八》〈二零零八年紐約法會講法〉/H. Li, 2008, p. 4)他這樣詮釋正念的威力:「一正壓百邪。」(《轉法輪》第三講)學員學習到有正念才會產生正行,他們體會到持有正念和發正念的強大功效。因此,他們遇到具有挑戰性的情況時,經常長時間地發正念。發正念與做第五套功法(靜功打坐)時不帶意念的方式不同,在15分鐘的發正念過程中需要強大的意念和積極的觀想。在前 5 分鐘,在思想上專注於淨化自己的心、清除所有負面思想。

然後在接下來的 10 分鐘裡，發出正念消除一切所有起負面作用的勢力（Minghui.org Editors, 2001b）。

既然發正念的目的是為了清除負面因素，那麼就必須保持沉靜和專注，才能產生強大的效果。「頭腦絕對的清醒、理智，念力集中、強大，有搗毀宇宙中一切邪惡的唯我獨尊的氣勢。」（《精進要旨三》〈正念〉／ H. Li, 2002b, p. 1）這樣發正念會幫助學員保持純淨而積極的心態。如芭芭拉所說，「它強化我的思想，我真正發好正念時，能感覺到立竿見影的效果。」

「發正念」對自己、他人和周圍環境都有益處。它可促進樂觀態度和強大的正向思考方式，從而增強韌性，對自己、他人和任何情況都可以產生強大的影響。法輪功中說的「正念」，比正向思考或正向態度的意義更深廣。目前的心身哲學也證實了擁有正念的好處。如前所述，正向心理學強調快樂、樂觀等正面心態是健康狀態。無數作家、導師和勵志演說家經常運用正面的肯定，以及正向思考和態度的力量，幫助他人在生活中各個方面創造幸福和成功。他們教育和訓練人們創造和保持積極的心態和情緒，如希望、喜悅、寧靜、樂觀和正向思維等，因為正念可以強化身心健康。這並不是一個現代新理念。

熟悉中國五千年文明的人都知道，古代的中醫大夫也都了解，人的情緒和心境對健康有著深遠的影響。《黃帝內經》是最古老的傳統中醫典籍，以及古代道家理論和生活方式的主要經典。根據此書，情緒對人的身心健康起著至關重要的作用。良好的健康與我們的心境和情緒有密切關係。憤怒、焦慮、恐懼、悲哀、思慮過度、傷心、憂煩等情緒，會對我們的內臟、免疫系統、神經系統、內分泌系統以及其它身體機能產生不利影響，導致身體失衡和各種疾病。

因此，傳統中醫認為情志是一切疾病的根源。同樣，西方醫學之父希波克拉底（Hippocrates）也提到了身心的聯繫，並教育人們說，健康取決於心、身、環境的和諧平衡。

　　法輪功的教導描述了悲傷和失望之類的負面情緒。《轉法輪》在講到「妒嫉心」時指出：「常人看不到這一點，他就老是覺的自己應該恰如其分的做自己應該做的事情。所以他的一生爭來鬥去的，這個心受到很大的傷害，覺的很苦，很累，心裏老是不平衡。」（第七講）這些負面情緒會引起各種健康問題，而正面的喜悅和幸福感則有助於培養樂觀、堅韌的精神，並促進健康。通過修煉，法輪功學員學會了如何在當今繁忙的社會中遵循「無為」的原則，和諧地生活。這是因為，「真正往高層次上修煉是無為的，沒有任何意念活動」（《轉法輪》第八講）。換句話說，人只是順其自然地生活，就像溪水往低處流，最後匯入大海一樣。一個人放棄了對一切事物的追求——包括對生活中的物質、甚至是精神上開悟的追求，他的心就變得自由了。這個人就能夠活在當下，活在此時此刻。澳洲調查結果表明，走上法輪功修煉道路的人確實發生了轉變。他們的身心似乎都得到了健康；許多法輪功受訪者發現自己身、心、靈的健康狀況都得到了改善。

一位受訪者的正念實踐

　　芭芭拉是澳洲調查的第289號受訪者。後來，她成為後續縱向研究的參與者之一。她受訪的內容中有些部分涉及到「向內找」和「正念」的議題。在一次後續訪談中，她談到了她應對日常生活問題的方式——她看一個人，是用心注意他的優點、積極和開明的一

面，而不是看他的缺點或負面的特質。她指出，每當她帶著強烈的正念這樣做時，「（那個人）不好的一面就會融化，奇蹟就會發生」，而且往往情況會隨著強烈的正念而改變，「當更多的人有了積極的正念，就會有更多的好事發生。」她接著說：「當我剛搬進我們的小區時，有很多人打架、爭吵，房子裡的東西被破壞、被偷走。」她注意到，在「發正念」和告訴鄰居一些關於法輪功的事後，情況似乎有所改善，「大家都比較開心，我生活的環境也比較祥和了。」

在 2012 年末的一次後續採訪中，芭芭拉再次被問到如何應對日常挑戰的問題。她表示：「所有的答案都在自己內心。法輪功為我提供了一個向內尋找答案去解決問題的工具。」她說，這種做法幫助她應對生活中的艱難時刻。她談到了正念的力量，以及這如何影響她的生活。「這種正面的力量強大到讓我們可以扭轉負面的局面。」她回憶起第一次去紐約途中發生的事時說：「我當時心想：哦，這將是一段漫長的飛行。我應該穿特殊的彈性長襪來改善腿部的血液循環。」後來，她意識到懷有負面想法（認為會發生不好的事情）是不對的。到達紐約後，她發現腿上有一個大腫塊。「這看起來像是瘀傷，而且非常痛。」她知道發生了什麼事，於是迅速糾正自己的想法。「我決定不承認它，也沒有告訴任何人這個腫塊。我就去煉我的功，盤腿打坐一個小時，全程極為痛苦。」芭芭拉說，打坐後疼痛停止了，當晚她就能夠安然入睡。

第二天早上，她發現那塊瘀傷已經不見了。在她否定了她所說的不正思想、拒絕承認身體表現的症狀後，神祕出現的腫塊又神祕地消失了。這種情況對於非法輪功學員來說可能很難理解，但是，這種在歸正自己的思想、強化積極的正念後病痛很快就消失的現象，在法輪功學員中並不罕見。簡單來解釋，這是一種心勝於物的情形。

「物質和精神是一性的。」(《轉法輪》第一講)因此，你心裡沒有的東西，也不會存在於你的身體內。

2013 年 5 月，芭芭拉在紐約接受作者面對面的訪談時再次提及，一些不幸的事情會讓她意識到，她不正或負面的想法常常會造成或加劇她的苦難。她談到，發生在她身上的兩件事讓她強化了常存正念的重要性。這兩件事都與她對 2003 年 11 月 11 日（11/11）那天從高處跌落的想法有關。芭芭拉說，自從那次墜地後，她就對 11/11 數字組合抱有負面的想法。「有一次我對朋友們說，11/11 這個數字對我不利。第二天，我收到了一張超速罰單，違章時間是 11 點過 11 分。」她笑稱自己因為懷有不正的念頭而招致交通罰款。她認為這件事是對她的一種暗示，讓她向內找，消除對 11/11 數字組合的恐懼。

然而，交通罰款事件只是剝去了她對 11/11 恐懼的深度執著中的一層而已。後來又發生了一件事。2011 年 11 月 11 日，她在家門口

2013 年 5 月，美國紐約，芭芭拉和本書作者面對面進行深度對話。（攝影：Oliver Trey）

的水泥台階上滑倒，這一次，她有 12 個小時多不能動彈。她說，當時正下著雨，台階很滑，「我摔了一跤，弄傷了我的背部。儘管如此，我還是馬上跳起來，跑上台階，靜坐了一個小時。然後，我讀了一講《轉法輪》。」她對自己感到高興，心想：「我做得很好。現在我可以躺下了。」一躺在地上，芭芭拉就發現自己從胸部以下都癱瘓了。「我的胳膊能動，但身體的其它部位卻感覺不到了。」她說。當時大約是下午 5 點，她的丈夫當天不在城裡。她在地上待了大約 7 個小時，直到午夜左右丈夫才回來。丈夫驚恐萬分，想叫救護車，但芭芭拉說：「不！」她向丈夫保證，一切都會好起來的，就讓她躺在地毯上，有一杯水、她的法輪功書籍和手機在身邊就可以了。

問她是否害怕時，芭芭拉搖了搖頭。「不，我立刻明白了，這是我自己招來的。」她意識到自己的困境是由於她沒有正念、對 11/11 懷有負面的想法——儘管她跌下來的事已經過去 8 年了。「我不應該說，甚至不該想 11/11 這組數字對我不利。」芭芭拉強調說。問她躺在地上 12 個小時是如何度過的，芭芭拉說：「我所做的第一件事就是向內找——審視發生在我身上的事情和原因。我開始尋找我的執著，然後我把它們一個一個從心中消除。我花時間背誦《論語》（《轉法輪》的首篇）和師父的一些詩詞。」

她沒有驚慌失措，她說：「我心態積極，我的內心知道我會沒事的。」在這場磨難中，芭芭拉始終保持冷靜。「作為法輪功學員，我們所受的教導是遇到任何磨難都要向內找原因。」她繼續說，「我也意識到，我對驕傲有很強的執著，很少尋求幫助。為了去除驕傲心，我邀集同修幫我發正念。」她停頓一下，豁然開朗地笑了，說：「那肯定有用！」

問她還做了什麼，芭芭拉說：「我在心裡煉功（法輪功）。第

二天清晨，我身體逐漸恢復知覺。我能夠活動、能夠站起來了。」她完全恢復了活動能力，沒有後遺症。「事發後的第三天，我在一個商場站了一整天，宣傳神韻藝術團[4]。當天活動結束的時候，我查了一下，發現我賣了 11 張神韻票。」

修心

「修心」這個詞意味著磨煉人的道德品質和性格。這是法輪功修煉的一個重要層面。《轉法輪》中寫道，「真正修煉的事情是全憑你這顆心去修的。」「不修這顆心，誰都上不去。」「你得真正實修你那顆心才行。」（第三講）「修成修不成都得憑著那顆心去修的，都是一樣的，差一點都不行。」（第七講）修心是如此重要，在法輪功的教導中經常被重申。「真正修煉，就得向心去修，向內去修，向內去找，沒有向外去找的。」「你要向心去修，你才能夠修成。」（第九講）

心是仁愛慈悲之搖籃。一個人最深、最真的智慧核心體現在慈悲之中，而人的心是它的縮影。在心理諮詢中，客戶能向內找並從內心作出回應，進而做出生命重塑的改變，是至關重要的。同樣，當法輪功學員有心修煉、有心改善自己的品德或提高自己的心性，就會有很大的改變。提高心性是指修心，成為一個具有很高道德標準、有德行的人，這樣才能達到開功開悟（或法輪功用語中的「圓滿」）。《轉法輪》中還寫道，「心性包括德（德是一種物質）；

譯註 4：神韻藝術團是以中國古典舞為核心的頂級表演團體，總部設在紐約，以復興中華五千年傳統文化為使命。

包括忍；包括悟；包括捨，捨去常人中的各種欲望、各種執著心；還得能吃苦等等，包括許多方面的東西。人的心性方方面面都要得到提高，這樣你才能真正提高上來，這是提高功力的關鍵原因之一。」（第一講）

那麼，什麼是心性修煉呢？這包括很多方面，涉及提高個人的道德品行；要求做人要真誠、善良，在磨難中能夠忍耐和自我克制。法輪功學員努力修心養性。在修煉過程中，遇到考驗和磨難時，修煉者要保持平和的心態和慈悲心，少在意個人的情感和欲望；在與他人發生衝突時，不爭個人利益、不要只證實自己正確。修煉心性的目的是為了在日常生活中達到更高的道德行為標準。換句話說，法輪功學員要與人為善、永遠先考慮他人。「我們平時要保持一顆慈悲的心，祥和的心態。」（《轉法輪》第四講）

談到修煉心性的過程，《轉法輪》寫道：「舉個例子說，一個瓶子裏裝滿了髒東西，把它的蓋擰的很緊，扔到水裏，它也要一沉到底。你把裏面的髒東西倒出去，倒的越多，它會浮起來越高；完全倒出去，它就完全浮上來了。我們在修煉過程中，就是要去掉人身上存在的各種不好的東西，才能使你昇華上來。」（第一講）磨煉人心往往可以促成一個人品行的改變。因此，如果心沒有改變，心性就不可能得到提高。「你不修煉你的心性，你的道德水準不提高上來，壞的思想，壞的物質不去掉，他就不讓你昇華上來……」（《轉法輪》第一講）

法輪功學員通過同化宇宙的最高特性「真、善、忍」來提高心性。從本質上說，修煉需要遵循所有主要宗教、哲學和古代精神修行所教導的這些普世原則。有德行、做好人、行善事等，既源於古代東方傳統，如儒、道、釋三家，也源於西方的基督教和古典哲學傳統。

古希臘哲學家亞里士多德定義了兩種類型的美德：一種是知德（智性美德），或者說通過教導獲得的智慧；另一種是行德（道德美德），或者說從良好的習慣或高尚的品行中產生的卓越品德。亞里士多德闡明，要達到幸福，就要擁有美德（或言良好德行）以及基於智慧、能明辨是非的理性（Easton, 2005; Kemerling, 2011）。

現代幸福學大師塞利格曼指出，擁有有意義、有目標的生活是一種更高層次的幸福。「幸福」的生活有三種：愉快、美好和有意義的生活（Seligman, 2008）。根據塞利格曼的觀點，愉快的生活並不能保證高品質的幸福或高層次的人生滿足感；而有意義的生活則能帶來最高的人生滿足感。同樣，在古典哲學中，對生命意義的追尋被認為是最受推崇的「eudemonia」——希臘語幸福的意思，在亞里士多德的著述中常被譯為美德或人類最高的善（Kemerling, 2011）。

當代社會卻與古老的東方和西方經典教導背道而行，在個人的教育和發展中，很少強調讓人具有卓越的美德和高尚的道德行為。相反地，法輪功讓修煉者獲得了人生的意義和目的。法輪功強調做一個品行高尚的有德之士的重要性。法輪功的教導說，要想增長功力、成為一個真正的覺悟者，唯一的方法是成為一個有道德的好人。當心性提高，身、心、靈就會健康。因此，這樣一種認識反映在澳洲調查的結果當中，也就不足為奇了：超過91%的法輪功受訪者（328人）報告說，他們安康幸福的原因與「基於真、善、忍原則提高心性或道德品質」有關。

在修心、提高心性或道德品質的同時，向內找以檢視自己的心或行為，也是修煉的一個重要層面。學員如果能夠誠實地審視自己，發現自己的問題，並放下自己的執著，他們往往可以解決任何現存

的問題或狀況。在法輪功修煉中，這種不斷向內找的過程類似於心理諮詢和心理治療文化中的治癒過程。它類似於接受治療或自我治療。心理諮詢師要幫助客戶審視內心、探究問題、使之豁然開朗，才能治癒他們。從這個角度來看，修煉過程中的向內找和不斷自省，與心理諮詢和心理治療文化中的療癒過程相似。

由於法輪功教導「真正煉功全靠自己去修的，求甚麼都沒有用」（《轉法輪》第四講），所以每個法輪功修煉者都需要向內找。去執著過程的每一步都像剝掉一層洋蔥皮一樣。執著可以指負面情緒、欲望和各種心理狀態，如憤怒、恐懼、不安全感、驕傲、色欲、過去的傷害和創傷、爭鬥心、煩惱等等不良狀態。無論學員修煉多久，向內找、去掉執著都是持續進行的過程。但是，放下執著是很具挑戰性的。在經文〈真修〉中，李老師說：「修煉本身並不苦，關鍵是放不下常人的執著。當你們的名、利、情要放下時才感覺苦。」（《精進要旨》〈真修〉）當學員像剝洋蔥皮一樣，一層一層將這些不良狀態或情緒成功去掉時，就會達成真正的身心健康。

跨越疆界

澳洲調查結果顯示，許多法輪功受訪者在所有健康領域都有顯著改善。這種療癒現象的原因很複雜。當然，勤於修煉，以及將「真、善、忍」的原則融入到日常生活中，對法輪功學員的身心健康起到重要作用。然而，法輪功有一些難以解釋的東西，是用常人的邏輯無法理解、甚至無法接受的。芭芭拉（289號）、塞巴斯蒂安（Sebastian，182號）和其他眾多學員修煉法輪功都有自己的獨特經歷。要想從中領悟更多、體驗身心靈的健康和境界的超越，我們就

2010年5月,約千名加拿大法輪功修煉者聚集在多倫多皇后公園集體煉功,之後進行集會和遊行,以告訴世人法輪功使全世界億萬人受益,以及中共對法輪功的迫害。(明慧網)

需要像全世界千千萬萬的法輪功學員一樣,自己去跨越常人觀念的疆界。

1992到1999年,法輪功透過口耳相傳在中國各地迅速傳開,修煉法輪功的人非常多,到1999年,幾乎每13個中國人中就有一個人修煉法輪功。如果不是中共前黨魁江澤民發動對法輪功的迫害,體驗法輪功健康養生效果的人還會更多。雖然法輪功深植於自遠古以來就存在的中國古老傳統,但他為我們現代社會帶來了一種革命性的變革。法輪功教人在日常生活中遇到困難時,首先要考慮他人,並且始終向內找而不是向外看。雖然做到這一點很有挑戰性,但修煉者必須修出慈悲心。「所以我們平時要保持一顆慈悲的心,祥和的心態。突然間遇到什麼問題的時候,你就能夠把它處理好。」(《轉法輪》第四講)

法輪功強調心性修煉和保持正念,由此強化了心勝於物的理念。他教導人們,疾病或健康不佳的真正原因往往不是外在的,而是在於我們自己負責掌控的東西。因此,我們可以通過心性或道德品質

2010年12月,澳洲阿德萊德的法輪功學員參加一年一度的諾伍德(Norwood)聖誕盛會。(明慧網)

的提高來改變我們的人生和命運。法輪功學員如能精進實修,真正修煉心性、悟到法理,並且踐行心勝於物的理念,就會體驗到內心的祥和,以及身、心、靈的全面健康。

　　根據芭芭拉和其他受訪者在後續研究中的自述,這個自我改變的過程也可以改變他人、環境和社會。李洪志先生在法輪功主要書籍《轉法輪》中提到一個事例:中國山東省一家針織廠的學員教同事煉法輪功後,大家的品德都提高了,也沒有人偷拿廠裡的東西了。書中還舉了一個例子,一位工廠的廠長讚揚法輪功為企業成功做出了貢獻,因為職工的工作態度都變好了。「這些職工學了你們法輪大法之後,早來晚走,兢兢業業的幹活,領導分派甚麼活兒從來不挑,在利益上也不去爭了。」(第四講)

　　「我們修煉法輪大法的主要目地是往高層次上帶人,並沒有想做這樣的事情,可是他卻能夠對社會精神文明起到很大的促進作

用。」(《轉法輪》第四講)李先生強調:「我們人人都向內去修的話,人人都從自己的心性上去找,哪做的不好自己找原因,下次做好,做事先考慮別人。那麼人類社會也就變好了,道德也就回升了。」(《轉法輪》第九講)

　　人為制定的法律是無法控制人心的。「大家知道現在法律在逐步健全,逐步完善,可是有人為什麼還幹壞事?有法不依?就是因為你管不了他的心,看不見時,他還要做壞事。」(《轉法輪》第九講)而法輪功學員修煉自己的心性和道德品質時,就會發生自內而外的轉變,變成一個更好的人、更好的公民。「用不著人管,人人都管自己,向自己的心裏找,你說這多好。」(《轉法輪》第九講)

秘魯法輪功學員在 2006 年 5 月 13 日世界法輪大法日獻上美麗的手摺蓮花向李洪志大師祝壽。(明慧網)

第十三章

在心理諮詢中結合法輪功

「**每**當意想不到的事情發生時，我都會退後一步，努力從我自己心裡尋找原因。法輪功教會我不斷向內尋找解決問題的答案。」芭芭拉說。法輪功所教導的這種不斷向內的反思是解決壓力、衝突和磨難的強有力的方法。她繼續說道：「有時候，當我感覺不太好時，這一修煉的教誨幫助我保持冷靜和理性，我常常會找到解決問題的正確方法。」從這個角度看，可以說這就像一種療法。

的確，法輪功就像是一種「自我療法」。這是一種自我調節、自我意識、正念訓練，以及身、心、靈整體成長的好方法。法輪功教導人們在有問題時要檢查自己的原因。一旦找到問題，他們就會放棄不正確的思想、行為或習慣，努力改變自己，成為一個更好的人。這一過程好比一種頓悟，然後帶來康復。作為一名心理諮詢師，在開始進行澳洲調查之前，筆者將法輪功修煉與心理諮詢相結合，這種整合方法取得了顯著的成功，激發了筆者研究法輪功健康功效的願望，因而發起了澳洲調查。

進行這種整合有兩種方式。當然，最理想的方法是親自走上修煉的道路，學煉功法並學習這一法門的教導。通常，客戶會在整合治療中體察到諮詢者是否發自真心。一旦我們與法輪功產生共鳴，

並且在生活的各方面體驗到更高的身心健康水平，我們就能夠更加真心地將法輪功整合到專業實踐中。此外，我們可以向有興趣的客戶分享我們對法輪功的了解和第一手經驗，並幫助他們邁向完善和健康的旅程。

　　第二種方法是在自己不修煉的情況下了解法輪功。即便如此，熟悉這一法門仍然很重要，這樣我們才可以輕鬆加以介紹，並推薦有興趣的客戶到法輪功煉功點學功。如果客戶已經熟悉這一門功法，或者他們有親友修煉法輪功，此方法就會很有效。這種方式並不需要很多親身實踐，但在這種情況下，客戶依然會詢問為什麼推薦這種功法。曾經有人問筆者，為什麼不繼續進行內觀禪修或瑜伽練習，而選擇修煉法輪功。我們必須對客戶誠實表達我們的立場，以恰當的方式告知他們修煉的好處和我們的個人選擇。在諮詢室或等候室放置一些書面材料，包括小冊子、傳單以及煉功點的地址。另外，考慮造訪法輪功的煉功點，與義務輔導員談一談，讓他或她知道您計劃推薦有興趣的人到煉功點上來；或者，收藏輔導員的聯絡方式以備聯繫需要，或將其傳遞給有興趣的人。

　　為了方便有興趣實踐整合心理諮詢的人士，在本章，筆者從自己的經驗中選出三個故事介紹給大家。之後我將介紹採用整合實踐時要注意的要點；然後介紹一套六步法，作為將法輪功與諮詢和診療相結合的指南。為保護個人隱私，所有客戶的真實姓名和可辨識其身分的信息都已刪除。

野蠻的奧斯卡

　　這是4月間一個悶熱的傍晚。在澳洲水果種植區，秋季溫暖的

空氣裡充滿潮氣，夕陽投下熾熱的微光，橙色中夾雜著深紅在湖面上閃爍。一切都寧靜安詳，如同一本圖畫書。我站在湖邊，舉起手臂，煉習法輪功第二套功法中的第一個抱輪動作。前方出現的微弱聲響讓我慢慢睜開眼睛——我立刻認出了他。在諮詢期程結束之前，我們已經建立了友好的關係。他咧嘴一笑，站在那裡，離我只有6英寸（15公分）的距離。「優美的音樂。」他輕聲笑著開心地說道。他在治療過程中，逐漸熟悉了法輪功靜功煉習。我微笑著點了點頭，問他是否願意加入。他搖搖頭，微笑著走開，就像剛才出現一樣無聲無息。

奧斯卡（Oskar，不是真名）在三十多歲的時候遭遇到精神上的困難，曾有攻擊性的行為。然而，他的內心是善良而溫柔的。他的心理年齡就像十幾歲的少年，有點像個不守規矩的孩子。像所有其他客戶一樣，醫療中心的醫生介紹他前來諮詢。在第一次會面時，奧斯卡問的第一件事就是：「您在輔導過程中是否遭受過（客戶的）攻擊？」很明顯，他並不想來做諮詢。奧斯卡坐在椅子上，緊握拳頭，直到指關節的皮膚變白。我搖了搖頭，開心地笑了笑，然後說：「沒有。」然後，他一樁接一樁地描述了他在社會上無法被人接受的行為。奧斯卡帶著孩子般的自豪感告訴我他的體力，以及所收到的警方禁令。我努力保持冷靜和放鬆。但是，當我從容不迫地坐在椅子上，與「不情願的客戶」友好互動時，我的確迅速掃視門口，從心理上測量了我離門有多遠，以備需要時衝向出口。但是，我並不需要。在我使用整合方法與他交往之後，奧斯卡的性格迅速轉變，就像一個感到安全的孩子一樣。

這種方法結合了法輪功的「真、善、忍」原則，以及卡爾·羅傑斯（Carl Rogers, 1951）的三個原則：準確的同理心、一貫性，以

及無條件的積極關注（Elliott & Freire, 2007; Mearns & Thorne, 2007; Merry, 2002; C. R. Rogers, 1951）。這個方法很有成效，我並且鼓勵奧斯卡談論自己。當我以同理心和積極的正念聆聽他的故事時，奧斯卡逐漸放鬆，變得不那麼膽怯。很快我就了解到，他被迫尋求諮詢，以確保自己的獲釋狀態。諮詢會面結束時，奧斯卡面帶笑容，侃侃而談。他同意再回來繼續接受輔導。

藝術療法對奧斯卡效果不錯。他透露了童年時期的創傷，從而使我更加深刻地了解他的問題所在。但是，由於奧斯卡像個孩子一樣，堅持進行任何療法都有一定困難。一旦他的心理問題——無論是憤怒還是悲傷稍有緩解，他都會很快失去興趣。他常常得意地笑著，挖苦我不知拿他怎麼辦好或對他無計可施，「就像其他人一樣」。但是，我注意到奧斯卡經常熱情地提到先前的一位治療人員，他總是提醒奧斯卡要從善如流。他嬉鬧地模仿此人，聽起來似乎對此人有著正面的感受。我也利用他的美好記憶來增進我們的融洽關係，並用簡單的語言來介紹法輪功的「真、善、忍」三大普世原則，及做事先考慮別人等道理。這成為治療奧斯卡的立足點，讓他把現在的治療和他對那位治療人員的好印象聯繫起來。

一天，奧斯卡看上去很沮喪，告訴我說他和女友吵架了，還說她想離開他。我問他是否驚動了警察，他搖搖頭，我鬆了一口氣，並鼓勵他講述這件事。奧斯卡說他已經拿起了一把菜刀。他接著說：「我記得你說過我必須以善心對待、先考慮他人。我就那樣去做了。」他停頓片刻，又說，「我沒有傷害她，我把刀放下來了。」我微笑著點點頭，告訴他這麼做是對的。他又沉默了一會兒，然後說，「我表現出善心，但她仍然離開了我。」他的話中充滿了悲傷。既然我已經在課程中給奧斯卡看了《轉法輪》這本書，我就問他是否希望

我讀一讀「藍皮書」（他對這本書的稱呼）中的幾句話。他點點頭，然後我從書中摘了一段：「難忍能忍，難行能行⋯⋯如果你真能做到的話，你發現真是柳暗花明又一村！」（第九講）當我停下來時，奧斯卡的表情明顯放鬆了。

我們久久地沉默著，都感到安詳，沒有絲毫尷尬的感覺。正值夏末，窗外的鳥兒在瓦拉塔灌木叢中歡快地鳴叫。這次諮詢談話對於奧斯卡來說，像是一束光芒照亮了「靈魂的黑夜」。他用食指擦了擦眼角，我遞給他一盒紙巾，我們再次沉默著。幾分鐘後，他問我能否把這幾句話寫在紙上。我輕輕地說，「你來抄寫吧？」他用柔和的聲音回答：「我患有閱讀障礙症，但是我想把這放在冰箱上。」此時，我也難忍淚水。

奧斯卡喜歡把我們的交談叫做談話會。我們的談話會快要結束了，奧斯卡也感覺到了。在我心中發生了某種改變，無法用言語形容。那是我最後一次在心理諮詢室見到他，然後他就出現在湖邊，微笑著和我短暫重逢。那時我很高興見到他，並且知道他沒事。這次邂逅是我們最後一次見面。或許某個時刻，奧斯卡可能會帶著孩子般的笑容告訴另一位諮詢師，曾有個諮詢師提醒他要做到「真、善、忍」。

展翅飛翔

「剛開始修煉法輪功的時候，我身體感覺非常好，讓我感到生活有了目標。」在 2014 年的一次電話採訪中，April（不是真名）說道。當被問及法輪功如何改變了她的生活時，April 說，修煉讓她提升到新的高度，「法輪功使我的身心平靜，我不再需要接受心理諮

詢，每當湧起激動的情緒，他就會幫助我保持鎮定。」

十多年前，April 和丈夫移居澳洲來照顧她生病的公公。從城市生活轉變到鄉村生活，讓她經歷了一個調整過程。她的生活重心突然變成做飯、打掃衛生和帶公公看病，沒有時間結交朋友、聊天喝茶、讓他們品嚐她做的司康餅，她害羞地說道。

第一次來接受諮詢時，April 直直地坐在椅子前緣，怯怯地說道，「我的醫生建議我來找你談談。」問她來訪的原因，她說：「我很容易感到焦慮。」這種輕度的焦慮和持續的警戒心已經成為她個性的一部分，雖然如芒在背，但卻找不到原因。採用整合治療方法，將「真、善、忍」與羅傑斯的三原則——準確同理、一貫性和無條件正念關懷相結合，很快幫助 April 表達出了她的感受和想法。她說：「儘管要花很多時間，但照顧我公公不是問題。」隨著我們建立更融洽的關係，April 進一步敞開了心扉。她談到了一直困擾著自己的「惡魔」……它們如影隨形、從未消失。April 說，她成長的過程中，有一句話總是縈繞在耳邊，就是「我一無是處」。因此，她生命中一直都在努力達到盡善盡美、不斷尋求他人的認可。

儘管 April 對不同的輔導方法抱開放心態，但她並不喜歡使用自我行為觀察圖表，而傾向於更直觀和自發的方法，更加接受那些以人為中心的療法，包括藝術療法、觀想技巧，最終是冥想入靜。第一個月，April 每週都來，逐漸減少到每兩週一次，然後是每三週一次。再後來，她只有在需要向她信賴的人訴說時才會來訪。當採用上述干預策略的治療效果達到最佳狀態時，April 準備好了採納整合方法，並開始學習法輪功的功法。

她開始嘗試打坐，第一次就坐了 20 分鐘。起初，她覺得打手印比較困難，但覺得煉功音樂令人舒緩。她說靜坐對她繁亂的思緒起

到了鎮定作用，使她受益匪淺。April 說：「我的心情更加輕鬆，焦慮減輕，腦子裡的雜念也減少了。」這讓她提高了堅持學習打手印的信心。沒過多久，她可以打坐 30 分鐘，並利用剩餘的時間分享和表達自己的想法和感受。她的焦慮程度減輕了，不久便不再受其困擾。法輪功的靜功幫助緩和了她的焦慮，讓她擺脫了看不見的束縛。

隨著 April 內心感到更加安全，她話也多了，經常微笑。她的信心慢慢恢復了。關於惡魔困擾她的消極想法消失了，她也敢於讓深藏的童年記憶浮出水面。她回憶說，父親是個酒鬼，「他寧願將薪水花在酒水、香菸和賭博上」。不久，她就吐露了令她長期保持警惕的原因，以及她擔心閉著眼睛洗澡或用花灑將水噴到臉上的恐懼。她說，「媽媽過去常常手持皮帶在院子裡追趕我們這些孩子，她還有幾次向我潑開水，燙傷了我的脖子和後背。」當記憶如同海嘯一般湧進腦海，她一個接一個地清除了過去記憶的「蛛網」。一天，April 談到她曾經被人從海水裡拉上碼頭才沒被淹死。通過習煉法輪功，April 消除了這些令人不快的童年記憶。

通過結合法輪功的諮詢，April 戰勝了心魔。她的自信心和自尊心增強了，張開雙翼探索著新的地平線。法輪功幫助她戰勝了幼時的痛苦回憶、克服了膽怯。這種治療給她帶來轉機。她渴望學習四套動功。她謹慎地循序漸進，一開始是在諮詢會面時煉，而不是去煉功點。在一群人裡還是「太可怕了」，她說。最終，她克服焦慮，參加了當地的法輪功集體煉功。

通過治療期間的交談以及和法輪功學員的交流，April 了解了修煉的原理，以及保持堅強主意識的重要性，同時學習法輪功的教導以獲得身心的整體提升。當她的心魔突然冒出來時，她能認識到那些想法不是她真正的自己。她意識到必須保持自己意識堅強，才能

拒絕拖累她的負面想法。當感到時機成熟時，她開始在家獨自閱讀《轉法輪》，後來加入了當地的學法小組。

自 April 2001 年接觸到法輪功以來已經過去二十多年，法輪功仍然是她生活的一部分。她在一封來信中寫道：「我的內心從未離開法輪功。我讀了很多遍《轉法輪》。每次閱讀時，都會在不經意中看到一些我不記得上次讀過的新內容。相當神奇。」

阿波羅的跨越

阿波羅（Apollo，並非真名）第一次來我的辦公室時，整個房間都好像變小了。他身高 6 英尺（約 1.83 米），身上到處是肌肉。然而他的聲音卻很柔和，就像溪水蜿蜒流過澳洲東南的金荊樹叢。我問他來訪的原因，他以平直的語調低聲說：「焦慮。」他的高大身材讓扶手椅顯得渺小。我問他是否可以詳細說說。在第一堂 50 分鐘的諮詢中，阿波羅講述了他如何遭受焦慮症的困擾，使他好幾年都無法正常生活。

「我對陌生人感到焦慮。」他微笑著說。我平靜地問，「你焦慮時會怎麼樣？」他沒說話，目光盯在我倆之間的地毯上，彷彿想從那裡找到答案。我的目光從他身上轉向地毯，我們一起研究地毯圖案。時間一秒一秒過去，沉寂之中似乎能聽到一根針掉落的聲音。我聽到自己輕聲問：「你怎麼知道自己焦慮？」時鐘的滴答聲聽上去變得震耳欲聾。他喃喃地說：「我手掌潮濕，我會出汗、喉嚨發乾。」他止住了話頭。我微笑著，關切地點頭。他感到了我的鼓勵，舉了一個例子：在給汽車加油後，他不敢走進加油站辦公室自己付款，必須由其他人去付款。為此，阿波羅很少單獨外出。

阿波羅是個沉默寡言的人。在第一次來訪時，他憑藉難以置信的努力克服了語言上的障礙。我問他還有什麼要告訴我的，阿波羅透露他被診斷出患有精神疾病，並且正在服藥。他解釋說，他只是為自己的焦慮症尋求幫助，並提到他熟悉南澳阿德萊德弗林德斯大學（Flinders University）教授的認知行為療法和行為技巧。他嘗試了這些技巧和大多數其它技巧，仍無法完全克服焦慮。

　　儘管阿波羅從未聽說過法輪功，但他抱著開放的心態，同意採取整合療法。他很想嘗試，在諮詢期間開始學打坐。在坐了20分鐘之後，他說感覺比較平靜了。像April一樣，他發現煉功音樂令人舒緩。隨即，我們商量好將一部分諮詢時間專門用於打坐。一開始他盤腿坐大約15至20分鐘，然後是30分鐘。每次他都表示焦慮有所減輕。阿波羅的笑容多起來了，看起來更放鬆。這極大地鼓勵了他繼續參與整合治療。他對法輪功的好奇心越來越強，要求學習動功。

　　由於阿波羅的臨床診斷為精神健康問題，而且正在服藥，因此有必要在治療開始時立即告知他精神疾病患者煉法輪功的禁忌，以及這種功法對精神疾病的立場。我向阿波羅認真地解釋，法輪功修煉人的主意識，有精神健康問題的人修煉法輪功將有一些困難。我告訴他，不希望他在公共場合煉法輪功或讀法輪功書籍。但這些信息並沒有阻止阿波羅想在諮詢期間學法或在家煉功。有一天，阿波羅帶著他藍色封面的《轉法輪》書到訪。他帶著寧靜幸福的微笑，說他有機會去附近城市時買了這本書，開始在家閱讀。

　　隨著諮詢間隔延長至兩到三週一次，我給了他一張煉功音樂CD和一份自測表格，供他記錄和審視自己的變化和進步。隔了幾週，阿波羅又回來進行了一次約見。他看上去略有不同，顯得輕鬆愉快，對自己更有信心。我問他發生了什麼事。他面帶笑容，悄悄宣布在

給汽車加油時自己去付了油費。對於阿波羅來說，這是邁出的重要一步，是他邁向健康之旅的重要里程碑。由於他的焦慮症減輕，他不再需要進一步的諮詢。他與法輪功的相逢，以及我的整合諮詢，就這樣畫上了提振人心的休止符。

採納整合療法時的幾點建議

前面介紹了為三位對法輪功一無所知的客戶提供諮詢的情形。他們都持有開放的態度，並且信任整合療法，因此從中受益。除了這三個例子之外，還有許多故事，有些人只體驗了一次法輪功打坐。整合諮詢服務打動了大多數願意嘗試法輪功的客戶的心。此類例子之多，啟發了筆者開始進行澳洲調查，以研究這種功法對健康的影響，並探討其在諮詢中的應用。

在與法輪功靜功煉習相結合時，需要考慮到幾點。首先是把客戶放在第一位，考量這種方法對於他們期望的結果是否最合適、最有利。這也關係到他們是否會接受包含東方修煉的整合心身方法。為了儘量做好，請在開始整合療法之前與客戶交談，並確保徵得他們的同意。絕大多數客戶可能不是法輪功學員。正如澳洲健康與保健調查的結果所表明的那樣，法輪功受訪者很少造訪健康和醫護專業人員或顧問。儘管為有經驗的法輪功學員提供諮詢的機會很少，但在某些情況下，新學員或「帶修不修」的人可能會尋求諮詢和醫療服務。但是，隨著越來越多的人了解這一修煉方法，未來對於非法輪功人士採用法輪功整合療法可能會有所不同。許多西方人都已熟悉東方的其它冥想方法，例如正念禪修、瑜伽或太極拳，未來法輪功可能也會出現這種情況。

要考慮的第二點是如何向客戶解釋整合療法帶來的效果。許多人會問到有關法輪功的問題。由於他們的宗教和精神取向不同，一些客戶可能希望在採納整合療法之前更多地了解這種功法。因此，應該保持謹慎，並準備好以理性和客觀的方式介紹這種功法。介紹有關法輪功對健康影響的各種研究通常會有幫助。雖然有些客戶可能聽說過法輪功，但他們很少有深入的了解。因此，有必要向他們簡要介紹法輪功並回答他們的問題。將一些摺頁留在諮詢室或等候室也有好處。在手邊沒有摺頁的情況下，對於諳熟互聯網的客戶，可以向他們提供法輪功的網站地址，以便他們可以上網自己閱讀。由於中共對這一功派的迫害，有必要簡要說明這些問題，以便客戶了解正在發生的事情，同時了解這種修煉方法有益他們的身心健康。

第三個考慮的因素是要明白，並非所有人都對冥想入靜感到親切，而出於某些忌諱（例如阿波羅的案例），對於某些人來說，可能不適於採用整合療法。法輪功不適於臨床診斷出患有嚴重精神疾病的人，因此，最好不要對患有嚴重精神分裂症、躁鬱症或其它嚴重精神障礙的患者採取整合療法。阿波羅的個案確實是少數例外之一。他很清楚，整合療法的目的是幫助他放鬆和克服焦慮症。當冥想入靜幫他減輕了焦慮時，阿波羅對修煉的好奇心就自然增加了。儘管筆者作為諮詢師解釋了有關禁忌，但阿波羅想了解這一法門的教導，並且主動購買了《轉法輪》以便在家閱讀。他的焦慮減輕後不久，整合諮詢就結束了。

將法輪功修煉與專業心理諮詢相結合時，還需要注意一個因素：整合諮詢師需要掌握足以勝任工作的法輪功知識。對這一門功法的深入了解有助於消除神祕感、最大限度地減少誤解，並幫助整合諮詢師更好地向客戶解釋這種功法。這會增強輔導者的信心，幫助他

們有效地運用整合方法。因此，即使您不希望成為法輪功修煉者，也要熟悉功法，這樣才能更加容易地回答問題、交換意見或與已經對法輪功有一定了解的客戶交流。閱讀了解這一功法的更多信息，一個便捷的途徑是訪問法輪功的官方網站 http://www.minghui.org/ 或 www.falundafa.org。另一個途徑是尋找法輪功學員。他們通常組織各種活動來幫助人們了解功法的益處、中共政權的持續迫害，並提高人們對中共活摘法輪功學員器官問題的認識。可以搜集一些摺頁和小冊子，或與學員交談，以獲得有關功法的第一手經驗。同樣，如果你有意融合其它冥想練習，在你覺得自己有能力採取整合方法之前，亦應該接受內觀禪、正念禪修或瑜伽練習方面的培訓。因此，即使您不想成為法輪功修煉者，學習法輪功、閱讀有關書籍也是有益的。您希望了解多少是您自己的選擇，但是，您對法輪功的了解、認識和個人體驗越多，採用整合法輪功的諮詢方法就越容易。

第五點要考慮的是修煉法輪功的益處：許多法輪功修煉者實際上是由於健康問題而走入修煉的。法輪功可以成為一種「自助策略」。學功是免費的，不需要登記，也不收任何費用。根據筆者的經驗，大多數諮詢客戶都願意學習自助策略。以 April 的情況為例，她在輔導過程中學了法輪功，使她此後多年受益。此外，為客戶制定自助策略、鼓勵他們保持自立自足並且持之以恆，就好比是「授人以漁」而不是鼓勵他們不斷買魚。

作為心理諮詢師，筆者採用整合方法，很大程度上是要幫助客戶擺脫心理治療。經過連續的整合療程並看到積極的成果之後，也許就應該讓客戶逐漸脫離正在進行的整合治療了，尤其是如果他們要為此支付費用時。這是因為煉法輪功是免費的，並且不允許任何人收取費用。作為顧問，我們為專業的諮詢服務收取費用，而不是

為教功或將法輪功納入諮詢而收費。讓客戶結束整合諮詢的一種方法，就是鼓勵他們將煉功作為一種自助干預策略，並建議他們在法輪功義務輔導員組織的當地煉功點繼續煉功。但是，不同的客戶會有不同的需求，最好和他們商討。例如，像 April 這樣的客戶選擇在更長的時間內繼續進行整合諮詢，直到他們有信心參加集體煉功。其他人則全心全意地參與整合療法，解決了他們的問題，然後就終止了諮詢和對功法的體驗。

第六個要點是諮詢者與客戶互動的質量，這是治療雙方關係的重要方面。整合諮詢師最好能夠體現出法輪功「真、善、忍」的原則，這有助於建立更好的關係、達到更好的治療效果。在奧斯卡的例子中，筆者成功地融合了這些普世原則。在常規技巧無法觸及他心靈的情況下，筆者作為諮詢師向他展示這些原則，並與他進行有關這些原則的簡單對談：做到「真、善、忍」，先考慮他人。後來，當奧斯卡與女友發生爭執時，他想起了這些談話，得以打破他習慣的暴力方式。

另一點值得考慮的是在社區中開設法輪功課程。澳洲許多城市和世界其它地區都已經在開辦這些課程。儘管修煉法輪功的最終目的不是保健，但澳洲調查結果表明，許多受訪者都是因為法輪功祛病健身的功效而開始修煉。大多數社區都樂於接受為其居民開展的這種養生活動。作為一種適合當今的中國古代修煉方法，法輪功沒有會員制、沒有儀式，不要求履行什麼義務，並且免費教功不收費。其道德教導、動作柔和的動靜功，提供了一種獨特而令人愉悅的方式來改善健康。這種功法很容易融入日常生活，成為各行各業人士的自助干預系統。由於健身功效強大且免收費用，法輪功能給個人和當今的老齡化社會節省巨大的健康醫療支出。當然，在本地社區

開設煉功點，不僅給有興趣的個人、也給希望推薦客戶的整合療法顧問都帶來了方便。

最後，無論整合療法涉及哪些方面，都必須考慮現存的指導原則；例如精神、道德和宗教價值觀諮詢協會（The Association for Spiritual, Ethical, and Religious Values in Counseling, ASERVIC, 2009）所概述的原則。同樣，坎達和福曼（Canda and Furman, 2009）也提倡一種對精神信仰敏感的社會工作模式，採取整體性的、文化上適當的方式和客戶一起解決問題。

六步療法

以下的六步療法，是基於筆者作為心理諮詢師運用整合療法的經驗，以及澳洲調查的結果而總結的。這六個步驟體現了基本的諮詢技巧、卡爾‧羅傑斯的以人為中心的方法（Egan, 1990; Howatt, 2000; Merry, 2002; C. R. Rogers, 1951, 1961）、危機干預模型（James & Gilliland, 2008），以及在心理輔導中對法輪功「真、善、忍」原則的正念運用。這一方法包括六個階段的心理支持。它涉及找出問題（或法輪功學員所說的磨難）、表達出感受和思想、認識到問題（或執著心），向內找修心性，制定策略，並致力於改進。

六步療法概述了整合諮詢師已經熟悉的整合方法。六步療法絕不是法輪功教學的一部分，法輪功學員也不可以此代替學法。簡而言之，六個步驟簡單地映射了諮詢過程中自發性和循序漸進的流程。但是對於某些人來說，這六個步驟可以用作自助的指南或資源，是系統地識別和擺脫困擾以邁向健康的第一步。有關邁向心理健康六步療法，請參見表5。

■表5

心理健康六步療法

第一步：找出問題

講你的人生故事。探索並描述問題、場景或磨難。談話，書寫，畫圖，展示符號，或使用沙盤。

第二步：表達感受和思想

描述感受和想法。寫下所有描述你的感受和想法的正面和負面的詞彙、短語和句子，例如「我肚子不舒服」、「我感到恐懼、沮喪、憤怒、擔心」等。

第三步：識別存在的問題（或執著心）

從第二步的書面陳述中識別並突出顯示主要問題。保持誠實，向內找，檢查你的想法和行為。

第四步：支持心態的改變

促進和支持心態的改變；修煉心性以達到身心健康的效果。用積極、健康的心態代替消極的想法。將每一次危機和磨難當作自我提升的機會。堅定信心，自我支持，或尋求幫助。

第五步：檢查策略並制定計劃

評估行動策略，進行腦力激盪。運用「真、善、忍」的原則。注意保持積極心態（正念），消除負面情緒。制定短期和中期的計劃。

第六步：致力於改變和設定目標

審視、總結和設定目標以實現它。制定明確的行動計劃，並致力實現。詢問實現目標所需的條件。如何以及何時知道計劃實現了？（問這些問題會有所幫助：「現在你已經完成了這些步驟，你的目標是什麼？你將採取什麼具體行動來執行你的計劃？如果再次發生此問題，你將如何對待？」）

（Egan, 1990; Howatt, 2000; James & Gilliland, 2008; Lau, 2010a; Merry, 2002）
注意：這六個步驟只是一種整合諮詢的方法，概述了治療互動過程中的過程。它不屬於法輪功修煉。

結語

通往身心健康之旅

紐約市：那是 2013 年 5 月 17 日的曼哈頓，一個陽光明媚的週五下午。芭芭拉和成千上萬來自世界各地的法輪功學員聚集在聯合國大廈前的達格・哈馬紹公園（Dag Hammarskjold Park），參加「停止迫害法輪功」集會。從入道開始，她在法輪功這條通往身心健康的路上已經走過了十年。我們坐在第一大道路邊的長椅上時，芭芭拉說，「我想幫助更多人更好地了解法輪功。」每年 5 月，她和千萬名在修煉中受益的法輪功學員都帶著這個願望來到紐約，參加一年一度的活動和心得交流會。

坐在路邊的長椅上，芭芭拉說法輪功「精深、超常、玄妙」。60 歲的她在面對面採訪中表示自己從未如此健康，「我精力充沛，生活態度積極。更多人知道了大法的益處，這讓我感到人生充滿喜樂」。回到澳洲後，她繼續弘揚法輪功，講述自己的身心安康之旅。她和其他澳洲學員走訪不同的鄉村小鎮，講述有關法輪功的故事——從祛病健身功效、中共的迫害，到中國學員被活摘器官的駭人真相。

自然，法輪功對芭芭拉為人處世及應對日常挑戰的方式產生了很大影響。她說，「這包括不斷向內自省、改變自己看待和處理事物的方法。我儘可能地利用機會來提高自己的道德品質。」生活是

美好的，健康成了芭芭拉最無需擔心的問題。「我有了健康的身體和清淨的思想。」她接著說。雖然 2003 年曾從 23 英尺（7 米）的高處摔下導致頭部重傷，但芭芭拉非常肯定地表示，煉法輪功後她從未犯過一次頭痛。

從 2013 年到 2015 年 12 月，芭芭拉在自我報告中陳述的健康狀況沒有變過：她的心理、身體、精神狀況都很好。當被問及在目前的人生階段有什麼突出感悟時，她說自己意識到修煉並不意味著放棄日常生活中的一切。「我有我的家人，他們不煉功，我需要考慮他們的需要、關心他們。」她的話反映了澳洲調查的結論，即法輪功學員都過著正常的社會生活。他們和其他人一樣——單身的、已婚的、有家庭的、沒家庭的，在社會中各司其職。他們和非法輪功學員之間的根本區別在於，他們信仰一種功法，一種能帶來身、心、靈的整體健康安適以至更多的功法。

在 2014 年的一次電話採訪中，芭芭拉再次被問及健康狀況，她愉快地回答說，「每天煉功，我精力充沛；每天學法，我領悟到怎樣慈悲關照他人。」她補充說，「我不僅僅是重生，我的生活變得更有意義、更充實。」這位藝術家兼妻子、母親兼祖母把生命中的每時每刻都當作是恩賜。「很多時候，最艱難的考驗是忍受心性上的衝突，同時還要心懷善念、體諒別人。」芭芭拉說，「每天的學法使我保持平和的心態，同時擴大了心的容量。」這幫助她闖過了人際摩擦中的難關。

2015 年，也就是在煉法輪功 12 年之後，芭芭拉接受筆者最近一次電話採訪，回顧了自己通往身心健康的旅程，以及一路是如何走過來的。她的回答與澳洲調查中其他法輪功學員的書面回答互相佐證。她說，學法、發正念、每天煉功以及講述法輪功真相，是她保

持健康、安適和韌性的關鍵。在這通長途電話中，芭芭拉的話裡充滿感恩。而她的話也再次印證了法輪功學員的堅韌：「法輪功使我保持祥和、開闊和正面的心態，有了堅強的意志。」可以說，芭芭拉通往身心安康之路，反映了中國和世界各地千百萬法輪功學員所走過的路。

結論

和所有的研究一樣，澳洲調查也有局限性，但它仍可作為後續縱向研究或「心靈提升」專題的一塊踏腳石。這一調查的國際性和多樣性都是一個顯著優勢，在線完成問卷的方式也提高了受訪者書面回答的誠實度和坦率程度。研究還鼓勵人們對法輪功在身心健康方面的作用進行了積極或消極的自我報告。有幾位受訪者表示，他們對把不煉法輪功的親友作為對照組感到不妥。

一名受訪者給研究人員寫信，表示擔心她不煉法輪功的丈夫的健康報告與她的沒太大差別。她提到法輪功的一個法理，即學員所攜帶的強大能量場對周圍人的健康有好處；她想知道這種現象是否會影響數據，從而干擾研究者所確立的研究目標——法輪功學員比不煉法輪功的人更健康。然而，這一現象並沒有影響澳洲調查的整體結果，法輪功受訪者的健康狀況仍然好於不煉功的受訪者。

澳洲調查中另一個值得重申的發現是，儘管在人口統計資料中，法輪功受訪者與非法輪功受訪者沒什麼不同，但在健康報告中，前者比後者更多地報告自己健康狀況良好。與非法輪功受訪者相比，法輪功受訪者很少或沒有使用藥物，他們用於醫療和保健的費用更少，對自己健康的看法也更為積極。這是一個多麼正面的信息——

修煉法輪功於身心健康有益,還可提升精神境界。

具有開拓性的澳洲調查顯示了煉法輪功與擁有身心健康之間的正關聯,來自「心靈提升」專題的一些採訪數據也凸顯了這種正相關。這個進行中專題的初步結果表明,法輪功學員,特別是資深學員非常堅韌,能夠在快節奏的現代社會中應對各種考驗和磨難。「心靈提升」專題中的表述也證實了法輪功學員比非法輪功學員更有可能擁有健康的生活方式。

最後,希望《法輪功的正念實踐》一書有助於澄清外界對法輪功的誤解,希望芭芭拉的故事和其他法輪功受訪者的文字回答能不斷鼓舞我們走上或繼續通往終極健康的旅程。

也許更多人已經對法輪功的健身效果有了更深入的了解,並有意學煉。現代社會的健康成本越來越高、生活方式日益緊張,而這種身、心、靈一體的修煉方法,為生活在當今和未來社會的人們提供了一個免費的自我干預系統。那些有興趣將宗教／靈性與工作結合起來的人可能會發現,法輪功值得他們探索,也能給他們指明正確的方向。也許,這本書的目的就是向有緣人介紹法輪功這一正念實踐。如果你已經讀到此處,讓 18 世紀英國詩人拜倫的詩句帶給你啟發。拜倫在他的長詩《唐璜》中提醒我們:

而語言是實實在在的,
一小滴墨水,如露珠般落在思想上,
能讓千萬人思考
——《唐璜》第三章,第 88 節

致謝

這本 2022 年修訂版《法輪功的正念實踐》(*The Mindful Practice of Falun Gong*) 由我的新出版社 Sibubooks 出版。這一版更新了徵引文獻,也附上一份更完整的名單,向協助製作中英文兩個版本的人士申以謝忱。

對這一開創性研究與脫胎於論文的圖書有所貢獻的人士眾多,無法一一羅列。我非常感謝我的導師 John Court 博士和 Heather Mattner 博士,沒有他們,我無法著手並完成對法輪功身心健康功效的博士研究課題。兩位導師在理論方法、研究方法論和研究設計方面的指導,大大推動了這一項目(書中稱「澳洲調查」)。

我要感謝南澳大學(UniSA)教授 Kurt Lushington 和助理教授 Margaret Peters,他們見證了我完成博士學業的過程;感謝人類研究倫理委員會(HREC)的成員們,是他們建議並要求澳洲法輪大法學會參與此項研究。

感謝澳洲和歐洲法輪大法學會的主要成員,他們是 John Andress、John Deller、Peter Jauhal、Michael Pearson-Smith 博士和時任澳洲維多利亞省法輪大法學會會長 Simon Vereshaka。我還要感謝先導研究的參與者——特別是 J. Y. Luo 博士、Y. Luo 博士和 Michael Tsang 給予的寶貴反饋。

感謝澳洲阿德萊德市法輪功學員的幫助，其中包括張曉梅、J.J. Lu 博士、Barbara 和 Brian Thompson、Wendy Tiong、王平，特別是寶塔餐廳（Pagoda Restaurant）的 Peter Tiong 給予的肯定和堅定支持。衷心感謝 David Ownby 教授、Deborah Dysart-Gale 教授，以及我在南澳政府過渡性住房項目的前同事 Steve Denholm、Jean Bacon 和 Craig Roissetter。

誠摯感謝所有鼎力支持並參與澳洲調查的法輪功和非法輪功受訪者，從結合法輪功的心理諮詢方法中受益的青少年和成年客戶，以及阿德萊德市「安利區法輪功整體健康計劃」（Unley Falun Gong Total Health and Wellness）的參與者。

感謝我的哥哥 Stephen 於 1997 年將法輪功介紹給我，感謝在阿德萊德的二哥二嫂在我讀博過程中給予的支持。非常感謝我住在倫敦的姊姊 Cathy，感謝你在我讀博期間一直給予鼓勵。在寫論文的那些孤獨夜晚，你時常打來的電話就像黑暗隧道中的燈盞。我也衷心感謝兩位兄長 Mike 和 John 長期照顧我們的母親；由於專注於工作和研究，我未能如願經常看望她。

事實上，本書從構思到成形，過程中得到許多人的指點。Barbara Schafer 付出的時間和努力讓我感激不盡，最重要的是，她允許我將她不平凡的故事與澳洲調查的研究成果交織在一起。

我衷心感謝 2016 年英文版編輯團隊，包括：Damian Robin，Liam Hutchison, Ted L'Estrange, Oliver Trey。感謝 Angel Maurizzio 閱讀部分文稿並給出有見地的反饋，也感謝 Kay Wozniak 在這次修訂出版中發揮的作用。

感謝 Kate Holehouse 提出整體裝幀理念並設計封面，Usama Zaheen 協助設計修訂版封面；Liam Hutchison 進行第一版的版式設

計與排版，Daniel Ulrich 和 James Smith 負責攝影，Oliver Trey 收集圖片；Eugene Rijn Saratorio 協助修訂版的排版。

我要感謝助理校長張瑪莉教授、助理教授許凱雄博士、張新宇博士和醫學博士 Michael O'Connor 花時間審閱書稿，他們的慷慨善良讓我深受感動。

藉此機會，我要衷心感謝中文編輯張琳整體協調《法輪功的正念實踐》中文版，因為沒有她的經驗和得力管理，中文版就不會問世。我向以下人士致以謝忱：曹秀蓉負責版式和封面設計，李凡、李正雄和張北承擔書稿翻譯，Samira Bouaou、戴兵、愛德華和張靜宜提供照片。感激蘇湘嵐、朱涵如的精心校對。

特別感恩 Grace Rubacek、Vivian Song 和楊元碩，他們純淨美好的形象給人們留下正面而持久的印象。自 2016 年版本問世，來自四面八方的個人和團體紛紛徵詢許可使用本書封面，以便在摺頁、單張、廣告牌、乃至卡車上展示法輪功的美麗祥和。

還有很多人士以不同方式為本書做出積極貢獻，他們是：Kay 和 David Rubacek，Sterling Campbell，Fabio Emma，Esther Hack，Sarah Hack，Michaela Hawkins，Jane Lau，Penelope Mantyk，Kaye Petty，Michelle Smith，Lia Onely-Tompkins，Flynn Vereshaka，Nick Vereshaka，吳姿瑤，Amy Xue，葉映紅，張德容，林志龍。

寫作的過程有苦有樂，我對 103 歲謝世的母親心存感激。她睿智的話語不斷觸動我的心靈，磨練我的耐力，引導我在自己選擇的道路上前行。最後，感謝我的丈夫 Oliver，感謝他拍攝遊行和我對芭芭拉的採訪、抽時間閱讀文稿、給出有見地的評語，並且分擔家務。尤其感謝你與我一起乘風破浪。

言語不足以表達我對李洪志大師的深摯感恩，感恩他無償傳授

法輪大法，以深刻而普世的教導為人類的復興做出巨大貢獻。和全世界上億人一樣，我也從這一門修煉中受益，這也是我對法輪功進行開創性研究和出版這本書的基礎。

最後，我要把本書獻給你們大家——尋求著一種會深刻觸動人生的交集的所有讀者。我深深感激能加入你們通往身心安康、充滿無限可能的旅程。

瑪格麗特・特雷
2022 年 1 月 8 日

徵引文獻

說明：由於時日久遠，有些鏈接或需通過互聯網檔案館（Internet Archive）來訪問。
https://web.archive.org/

Ackerman, S. E. (2005). Falun Dafa and the new age movement in Malaysia: *Signs of health, symbols of salvation*. Social Compass, *52*(4), 495–511. https://doi.org/10.1177/0037768605058186

Ader, R. (1980). Psychosomatic and psychoimmunologic research. *Psychosomatic Medicine, 42*(3), 307–321. https://doi.org/10.1097/00006842-198005000-00001

Adler, J. A. (2005). Chinese religion: An overview–A revised and expanded version of Daniel L. Overmyer's article, (1st ed., 1986). In Lindsay Jones, Ed., *Encyclopedia of Religion*, 2nd ed. Retrieved November 11, 2015, from http://www2.kenyon.edu/Depts/Religion/Fac/Adler/Writings/Chinese%20Religions%20-%20Overview.htm

Ai, A. L. (2003). Assessing mental health in clinical study on qigong: Between scientific investigation and holistic perspectives. *Seminars in Integrative Medicine, 1*(2), 112–121. https://doi.org/10.1016/S1543-1150(03)00022-X

ASERVIC. (2009). Competencies for addressing spiritual and religious issues in counseling. Retrieved November 30, 2013, from http://www.aservic.org/resources/spiritual-competencies/

ASERVIC. (2015). A white paper of the Association for Spiritual, Ethical, and Religious Values in Counseling. Retrieved February 11, 2016, from http://www.aservic.org/resources/aservic-white-paper-2/

Astin, J. A. (1998). Why patients use alternative medicine: Results of a national study. *Journal of American Medical Association, 279*(19), 1548–1553. https://doi.org/10.1001/jama.279.19.1548

Atkinson, N. L., & Permuth-Levine, R. (2009). Benefits, barriers, and cues to action of yoga practice: A focus group approach. *American Journal of Health Behavior, 33*(1), 3–14. https://doi.org/10.5993/AJHB.33.1.1

Atwood, J. D., & Maltin, L. (1991). Putting Eastern philosophies into Western psychotherapies. *American Journal of Psychotherapy, 45*(3), 368–382. https://doi.org/10.1176/appi.psychotherapy.1991.45.3.368

Australian Bureau of Statistics & Statistics New Zealand. (2006). ANZSCO: Australian and New Zealand standard classification of occupations. https://www.abs.gov.au/AUSSTATS/abs@.nsf/Lookup/1220.0Main+Features12006

Author Unknown. (1998). Falun Dafa has great effects on improving health status: Survey of over 6,000 cultivators. Retrieved March 3, 2004, from https://en.minghui.org/eng/science_eng/healthsurvey_dalian.html

Author Unknown. (2003). Russia: Report on the healing effects of Falun Gong from the Moscow business committee. Retrieved April 1, 2003, from http://clearharmony.net/articles/200302/10494.html

Author Unknown. (2009). Yoga for anxiety and depression. *Harvard Mental Health Letter, 25*, 4–5. http://www.health.harvard.edu/mind-and-mood/yoga-for-anxiety-and-depression

Authors Unknown. (1999). Summary of results from the 1999 health survey of Falun Gong practitioners in North America. http://www.pureinsight.org/node/1533

Authors Unknown. (2002). Summary of health surveys conducted in mainland China to assess Falun Gong's effects on healing illness and maintaining fitness. Retrieved March 13, 2002, from http://www.pureinsight.org/node/841

Authors Unknown. (2003a). Report on 235 cases of a Falun Gong health survey in North America. https://en.minghui.org/emh/articles/2003/3/31/33996.html

Authors Unknown. (2003b). Research report from Taiwan illustrates the power of Falun Gong in improving physical and emotional health while reducing health care expenses. https://en.minghui.org/emh/articles/2003/1/1/30401.html

Balasubramaniam, M., Telles, S., & Doraiswamy, P. M. (2013). Yoga on our minds: A systematic review of yoga for neuropsychiatric disorders. *Frontiers in Psychiatry, 3*(117). https://doi.org/10.3389/fpsyt.2012.00117

Barker, C., Pistrang, N., & Elliot, R. (2005). Self-report methods. In *Research methods in clinical psychology* (2nd ed.), pp. 94–118. John Wiley & Sons, Inc. http://doi.org/10.1002/0470013435.ch6

Barnes, P. M., Powell-Griner, E., McFann, K., & Nahin, R. L. (2004). Complementary and alternative medicine use among adults: United States, 2002. *Seminars in Integrative Medicine, 2*(2), 54–71. https://doi.org/10.1016/j.sigm.2004.07.003

Bendig, B. W. (2013). *Cognitive and physiological effects of Falun Gong qigong*. [Doctoral dissertation, University of California, Los Angeles]. ProQuest ID: Bendig_ucla_0031D_11049. https://escholarship.org/uc/item/4899m047

Bishop, F. L., & Lewith, G. T. (2010). Who uses CAM? A narrative review of demographic characteristics and health factors associated with CAM use. *Evidence-based Complementary and Alternative Medicine, 7*(1), 11–28. https://doi.org/10.1093/ecam/nen023

Bogart, G. (1991). The use of meditation in psychotherapy: A review of the literature. *American Journal of Psychotherapy, 45*(3), 383–412. https://doi.org/10.1176/appi.psychotherapy.1991.45.3.383

Bruseker, G. (2000). *Falun Gong: A modern Chinese folk Buddhist movement in crisis*. [Unpublished honor's thesis]. The University of Alberta.

Burgdoff, C. A. (2003). How Falun Gong undermines Li Hongzhi's total rhetoric. *Nova Religio: The Journal of Alternative and Emergent Religions, 6*(2), 332–347. https://doi.org/10.1525/nr.2003.6.2.332

Canda, E. R. (2009). *Spiritually sensitive social work: An overview of American and international trends.* Plenary address for the International Conference on Social Work and Counseling Practice, City University of Hong Kong. http://data.socwel.ku.edu/users/canda/Articles/Spirituality%20and%20SW%20Hong%20Kong%20plenary%20paper.pdf

Canda, E. R., & Furman, L. D. (2009). *Spiritual diversity in social work practice: The heart of helping.* Oxford University Press.

Carpenter, J. T. (1977). Meditation, esoteric traditions: Contributions to psychotherapy. *American Journal of Psychotherapy, 31*(3), 394–404. https://doi.org/10.1176/appi.psychotherapy.1977.31.3.394

Carson, J. W., Carson, K. M., Porter, L. S., Keefe, F. J., Shaw, H., & Miller, J. M. (2007). Yoga for women with metastatic breast cancer: Results from a pilot study. *Journal of Pain and Symptom Management, 33*(3), 331-341. https://doi.org/10.1016/j.jpainsymman.2006.08.009

Cashwell, C. S., & Watts, R. E. (2010). The new ASERVIC competencies for addressing spiritual and religious issues in counseling. *Counseling and Values, 55*(1), 2–5. https://doi.org/10.1002/j.2161-007X.2010.tb00018.x

Cashwell, C. S., & Young, J. S. (Eds.). (2011). *Integrating spirituality and religion into counseling: A guide to competent practice* (2nd ed.). American Counseling Association.

Chai, D., & Pan, B. (Producer/Writer) (2002). Zhang Cuiying, an exceptional Contemporary Chinese Painter [broadcast]. In *Journey to the East*, Australia: New Tang Dynasty Television Production.

Chen, K., Chen, M., Chao, H., Hung, H., Lin, H., & Li, C. (2009). Sleep quality, depression state, and health status of older adults after silver yoga exercises: Cluster randomized trial. *International Journal of Nursing Studies, 46*(2), 154–163. https://doi.org/10.1016/j.ijnurstu.2008.09.005

Chen, K. W., Berger, C. C., Manheimer, E., Forde, D., Magidson, J., Dachman, L., et al. (2012). Meditative therapies for reducing anxiety: A systematic review and meta-analysis of randomized controlled trials. *Depression and Anxiety, 29*(7), 545–562. https://doi.org/10.1002/da.21964

Cheung, M. (2016). The intersection between mindfulness and human rights: The case of Falun Gong and its implications for social work. *Journal of Spirituality and Religion in Social Work: Social Thought, 25*(1–2), 57–75. https://doi.org/10.1080/15426432.2015.1067586

Cormier, S., Nurius, P., & Osborn, C. (2009). *Interviewing and change strategies for helpers: Fundamental skills and cognitive behavioral interventions* (6th ed.). Cengage Learning, Inc.

Coruh, B., Ayele, H., Pugh, M., & Mulligan, T. (2005). Does religious activity improve health outcomes? A critical review of the recent literature. *The Journal of Science and Healing, 1*(3), 186–191. https://doi.org/10.1016/j.explore.2005.02.001

Coulter, I. D., & Willis, E. M. (2004). The rise and rise of complementary and alternative medicine: A sociological perspective. *The Medical Journal of Australia, 180*(11), 587–589. https://doi.org/10.5694/j.1326-5377.2004.tb06099.x

Court, J. H., & Court, P. C. (2001). Spirituality and health from forgotten factor to reconciliation. *Lukes Journal, 6*(3), 8–11.

Crombie, W. J. (2002, April 18). Meditation changes temperatures: Mind control body in extreme experiments. *Harvard University Gazette*, 1–4. https://news.harvard.edu/gazette/story/2002/04/meditation-changes-temperatures/

D'Souza, R. (2007). The importance of spirituality in medicine and its application to clinical practice. *The Medical Journal of Australia, 186*(10), S57–S59. https://doi.org/10.5694/j.1326-5377.2007.tb01043.x

Dan, L., Pu, R., Li, F., Li, N., Wang, Q., Lu, Y., et al. (1998). Falun Gong health effect survey of ten thousand cases in Beijing. Retrieved January 12, 2001, from https://en.minghui.org/eng/science_eng/survey98_1eng.htm

Danhauer, S. C., Mihalko, S. L., Russell, G. B., Campbell, C. R., Felder, L., Daley, K., et al. (2009). Restorative yoga for women with breast cancer: Findings from a randomized pilot study. *Psycho-Oncology, 18*, 360–368. https://doi.org/10.1002/pon.1503

Davidson, R. J., Kabat-Zinn, J., Schmumacher, J., Rosenkranz, M., Muller, D., Santorelli, S. F., et al. (2003). Alterations in brain and immune function produced by Mindfulness Meditation. *Psychosomatic Medicine, 65*(4), 564–570. https://doi.org/10.1097/01.psy.0000077505.67574.e3

Delmonte, M. M. (1985). Meditation and anxiety reduction: A literature review. *Clinical Psychology Review, 5*(2), 91–102. https://doi.org/10.1016/0272-7358(85)90016-9

Easton, M. (2005, Spring). What makes us happy? *University of Toronto Magazine*, 32, 20–26.

Egan, G. (1990). The skilled helper: *A systematic approach to effective helping* (4th ed.). Brooks/Cole Publishing Company.

Eisenberg, D. M., Davis, R. B., Ettner, S. L., Appel, S., Wilkey, S., Van Rompay, M., et al. (1998). Trends in alternative medicine use in the United States, 1990- 1997: Results of a follow-up national survey. *Journal of American Medical Association, 280*(18), 1569–1575. https://doi.org/10.1001/jama.280.18.1569

Elliott, R., & Freire, E. (2007). Classical person-centered and experiential perspectives on Rogers (1957). *Psychotherapy: Theory, Research, Practice, Training, 44*(3), 285–288. https://doi.org/10.1037/0033-3204.44.3.285

Fadiman, J., & Frager, R. (1994). *Personality and personal growth* (3rd ed.). HarperCollins College Publishers.

Falun Dafa Information Center. (2008). The Falun Gong story. Retrieved from May 13, 2015 from https://faluninfo.net/the-falun-gong-story/

Falun Dafa Information Center. (2015a). Ancient Roots, almost lost. Retrieved from May 13, 2015 from https://faluninfo.net/falun-gong-story-ancient-roots/

Falun Dafa Information Center. (2015b). Why is Falun Gong persecuted in China? https://faluninfo.net/why-is-falun-gong-is-persecuted-in-china/

Fernandez, M. (Producer/Writer) (2012). US Congress Holds Hearing on Organ Harvesting [Broadcast]. In *Forced Organ Harvesting*. US: New Tang Dynasty Television Production. https://www.youtube.com/watch?v=V6PuQqS-02k

Fernandez, M., Magnason, M., & Gnaizda, M. (Writers) (2012). Killed for Organs: China's secret state transplant business [Broadcast]. In M. Fernandez (Producer), *Forced Organ Harvesting*. US: New Tang Dynasty Television Production. https://www.youtube.com/watch?v=bvAOOwvJMZs&t=182s

Frass, M., Strassl, R. P., Friehs, H., Müllner, M., Kundi, M., & Kaye, A. D. (2012). Use and acceptance of Complementary and Alternative Medicine among the general population and medical personnel: A systematic review. *The Ochsner Journal, 12*(1), 45–56.

Fredrickson, B. L. (2000). Cultivating positive emotion to optimize health and well-being. *Prevention and Treatment, 3*, 1–24. https://doi.org/10.1037/1522-3736.3.1.31a

Frick, K. D., Kung, J., Parrish, J. M., & Narrett, M. J. (2010). Evaluating the cost-effectiveness of fall prevention programs that reduce fall-related hip fractures in older adults. *Journal of the American Geriatrics Society, 58*(1), 136–141. https://doi.org/10.1111/j.1532-5415.2009.02575.x

Gale, D. D., & Gorman-Yao, W. M. (2003). Falungong: Recent developments in Chinese notions of healing. *Journal of Cultural Diversity, 10*(4), 124 –127.

Gallup Jr., G. H. (2002). Why are women more religious? Retrieved August 16, 2009, from http://www.gallup.com/poll/7432/Why-Women-More-Religious.aspx

Garzon, F. L. (2011). Spirituality in Counseling. *Faculty Publications and Presentations*, Paper 62. http://digitalcommons.liberty.edu/ccfs_fac_pubs/62

Girodo, M. (1974). Yoga meditation and flooding in the treatment of anxiety neurosis. *Journal of Behavior Therapy and Experimental Psychiatry, 5*(2), 157–160. https://doi.org/10.1016/0005-7916(74)90104-9

Goldberg, R. J. (1982). Anxiety reduction by self-regulation: Theory, practice, and evaluation. *Annals of Internal Medicine, 96*(4), 483–487. https://doi.org/10.7326/0003-4819-96-4-483

Goleman, D. (1976). Meditation and consciousness: An Asian approach to mental health. *American Journal of Psychotherapy, 30*(1), 41–54. https://doi.org/10.1176/appi.psychotherapy.1976.30.1.41

Goleman, D., & Gurin, J. (1993). Mind/body medicine-At last. *Psychology Today, 26*(2), 16–18. http://eqi.org/gole7.htm

Gordon, J. S., & Edwards, D. M. (2005). Mind body spirit medicine. *Seminars in Oncology Nursing, 21*(3), 154–158. https://doi.org/10.1016/j.soncn.2005.04.002

Graneheim, U. H., & Lundman, B. (2004). Qualitative content analysis in nursing research: concepts, procedures and measures to achieve trustworthiness. *Nurse Education Today, 24*, 105–112. https://doi.org/10.1016/j.nedt.2003.10.001

Gutmann, E. (2009, July 20th). An Occurrence on Fuyou Street. *National Review, 71*.

Gutmann, E. (2014). *The Slaughter: Mass Killings, Organ Harvesting, and China's Secret Solution to its Dissident Problem*. Prometheus Books.

Hanson, W. E., Creswell, J. W., Clark, V. L. P., Petska, K. S., & Creswell, J. D. (2005). Mixed methods research designs in counseling psychology. *Journal of Counseling Psychology, 52*(2), 224–235. http://dx.doi.org/10.1037/0022-0167.52.2.224

Hattie, J. A., Myers, J. E., & Sweeney, T. J. (2004). A factor structure of wellness: Theory, assessment, analysis, and practice. *Journal of Counseling & Development, 82*(3), 354–364. https://doi.org/10.1002/j.1556-6678.2004.tb00321.x

Haynes, A., Hilbers, J., Kivikko, J., & Ratnavuyha, D. (2007). Spirituality and religion in health care practice: A person-centred resource for staff at the Prince of Wales Hospital. SESIAHS, Sydney, Australia.

He, M. (2011). Falun Gong and health benefits–Part I. Retrieved September 25, 2012, from http://en.minghui.org/html/articles/2011/3/5/123614.html#

Hedges, B., (Producer) & Trey, M. (Writer) (2012). 7000 attend Falun Dafa conference in Taipei. In *Discovering China*. New Tang Dynasty Production. https://www.youtube.com/watch?v=WQCwiFZI-zY

Heerwegh, D. (2009). Mode differences between face-to-face and web surveys: An experimental investigation of data quality and social desirability effects. *International Journal of Public Opinion Research, 21*(1), 111–121. https://doi.org/10.1093/ijpor/edn054

Heppner, P. P., Kivlighan, J., Dennis M., & Wampold, B. E. (1999). *Research design in counselling* (2nd ed.). Wadsworth Publishing Company.

Hilbers, J., Haynes, A., Kivikko, J., & Ratnavuyha, D. (2007). Spirituality/Religion and health: Research report (Phase two). SESIAHS, Sydney.

Hogan, M. (2005). Physical and cognitive activity and exercise for older adults: A review. *International Journal of Aging & Human Development, 60*(2), 95–126. https://doi.org/10.2190/PTG9-XDVM-YETA-MKXA

Holzel, B. K., Carmody, J., Evans, K. C., Hoge, E. A., Dusek, J. A., Morgan, L., et al. (2010). Stress reduction correlates with structural changes in the amygdala. *Social Cognitive and Affective Neuroscience, 5*(1), 11–17. https://doi.org/10.1093/scan/nsp034.

Holzel, B. K., Carmody, J., Vangela, M., Congletona, C., Yerramsettia, S. M., Garda, T., et al. (2011). Mindfulness practice leads to increases in regional brain gray matter density. *Psychiatry Research: Neuroimaging, 191*(1), 36–43. https://doi.org/10.1016/j.pscychresns.2010.08.006

Howatt, W. A. (2000). *The human services counseling toolbox.* Cengage Learning.

Irons, E. (2003). Falun Gong and the sectarian religion paradigm. *Nova Religio: The Journal of Alternative and Emergent Religions, 6*(2), 244–262. https://doi.org/10.1525/nr.2003.6.2.244

Jacobs, G. D. (2001). The physiology of mind–body interactions: The stress response and the relaxation response. *Journal of Alternative and Complementary Medicine, 7* (Supplement 1), S-83–S-92. https://doi.org/10.1089/107555301753393841

James, R. K., & Gilliland, R. K. (2008). *Crisis intervention strategies* (6th ed.). Brooks/Cole Publishing Co.

Johnson, S. S., & Kushner, R. F. (2001). Mindbody medicine: An introduction for the generalist physician and nutritionist. *Nutrition in Clinical Care, 4*(5), 256–264. https://doi.org/10.1046/j.1523-5408.2001.00006.x

Kemerling, G. (2011). Aristotle: Ethics and the virtues. *Philosophy Pages.* Retrieved April 30, 2013, from http://www.philosophypages.com/hy/2s.htm

Kessler, R. C., Davis, R. B., Foster, D. F., Van Rompay, M. I., Walters, E. E., Wilkey, S. A., et al. (2001). Long-term trends in the use of complementary and alternative medical therapies in the United States. *Annals of Internal Medicine, 135*(4), 262–268. https://doi.org/10.7326/0003-4819-135-4-200108210-00011

Khalsa, H. K. (2003). Yoga: an adjunct to infertility treatment. *Sexuality, Reproduction and Menopause, 1*(1), 46–51. https://doi.org/10.1016/j.sram.2004.02.024

Khalsa, H. K. (2004). How yoga, meditation, and a yogic lifestyle can help women meet the challenges of perimenopause and menopause. *Sexuality, Reproduction and Menopause, 2*(3), 169–175. https://doi.org/10.1016/j.sram.2004.07.011

Kilgour, D. (2013). International efforts to stop forced organ harvesting from Falun Gong in China. https://www.theepochtimes.com/international-efforts-to-stop-forced-organ-harvesting-from-falun-gong-in-china_4257.html

Kjaer, T. W., Bertelsen, C., Piccini, P., Brooks, D., Alving, J., & Lou, H. C. (2002). Increased dopamine tone during meditation-induced change of consciousness. *Cognitive Brain Research, 13*(2), 255–259. https://doi.org/10.1016/S0926-6410(01)00106-9

Koenig, H. G. (1999). *The healing power of faith: Science explores medicine's last great frontier.* Simon & Schuster.

Koenig, H. G. (2004a). Religion, spirituality, and medicine: Research findings and implications for clinical practice. *Southern Medical Association, 97*(12), 1194–1200. https://doi.org/10.1097/01.SMJ.0000146489.21837.CE

Koenig, H. G. (2004b). Spirituality, wellness, and quality of life. *Sexuality, Reproduction & Menopause, 2*(2), 76–82. https://doi.org/10.1016/j.sram.2004.04.004

Koenig, H. G. (2007). Religion, spirituality and medicine in Australia: Research and clinical practice. *The Medical Journal of Australia, 186*, S45–S46. https://doi.org/10.5694/j.1326-5377.2007.tb01039.x

Koenig, H. G. (2012). Religion, spirituality and health: The research and clinical implications. *International Scholarly Research Notices*, vol. 2012, Article ID 278730. https://doi.org/10.5402/2012/278730

Koenig, H. G., & Cohen, H. J. (Eds.). (2002). *The link between religion and health: Psychoneuroimmunology and the faith factor.* Oxford University Press.

Koenig, H. G., McCullough, M. E., & Larson, D. B. (2001). *Handbook of religion and health.* Oxford University Press.

Kutolowski, M. (2007). Transcending the mundane. Retrieved June 8, 2008, from http://www.falun-info.net/article/503/Transcending-the-Mundane/

Lau, M. M. (2001). *Exploring counselors' burnout and alternative coping strategies: Falun Dafa as an alternative coping strategy.* [Unpublished master's case study]. The University of South Australia.

Lau, M. M. (2010a). *The effect of Falun Gong on health and wellness as perceived by Falun Gong practitioners.* [Unpublished doctoral dissertation]. The University South Australia.

Lau, M. M. (2010b). *The effect of Falun Gong on health and wellness: Executive summary of research findings.* [Unpublished report]. The University of South Australia.

Lazar, S. W., Kerr, C. E., Wasserman, R. H., Gray, J. R., Greve, D. N., Treadway, M. T., et al. (2005). Meditation experience is associated with increased cortical thickness. *NeuroReport, 16*(17), 1893–1897. https://doi.org/10.1097/01.wnr.0000186598.66243.19

Lee, L. (Director & Producer). (2014). *Human Harvest: China's illegal organ trade* [Documentary film]. Flying Cloud Productions, Inc.

Lemonick, M. D. (2005, January 17). The biology of joy. *Time Magazine, 165*, 50–53.

Leung, Y., & Singhal, A. (2004). An examination of the relationship between qigong meditation and personality. *Social Behavior & Personality, 32*(4), 313–320. https://doi.org/10.2224/sbp.2004.32.4.313

Li, F., McAuley, E., Harmer, P., Duncan, T. E., & Chaumeton, N. R. (2001). Tai Chi enhances self-efficacy and exercise behavior in older adults. *Journal of Aging and Physical Activity, 9*(2), 161–171. https://doi.org/10.1123/japa.9.2.161

Li, H. (2000). *Zhuan Falun* (3rd translation ed.). Universal Publishing Company.

Li, H. (2001a). *Essentials for further advancement*. Fair Winds Press.

Li, H. (2001b). *Falun Gong*. Fair Winds Press.

Li, H. (2001c). The Effect of Righteous Thoughts. Retrieved October 1, 2008, from http://en.minghui.org/html/articles/2001/7/18/12385.html

Li, H. (2001d). *Zhuan Falun*. Fair Winds Press.

Li, H. (2002a). *Explaining the content of Falun Dafa*. Yih Chyun Corp.

Li, H. (2002b). Righteous Thoughts. Retrieved May 30, 2008, from http://en.minghui.org/html/articles/2002/10/14/27578.html

Li, H. (2003). *Zhuan Falun: Turning the Law Wheel* (North American ed.). Yih Chyun Corp.

Li, H. (2008). Fa teaching at the 2008 New York conference: *Falun Dafa Experience Sharing Conference*. https://en.minghui.org/emh/articles/2008/6/22/98383.html

Li, H. (2011). Dafa Disciples Must Study the Fa: *Fa teaching given at the 2011 Washington DC Fa Conference*. http://en.minghui.org/html/articles/2011/7/30/127111.html

Li, H. (2014). Fa teaching given at the 2014 San Francisco Fa Conference: *Falun Dafa Experience Sharing Conference*. http://en.minghui.org/html/articles/2014/11/3/146687.html

Li, Q., Li, P., Garcia, G. E., Johnson, R. J., & Feng, L. (2005). Genomic profiling of neutrophil transcripts in Asian Qigong practitioners: A pilot study in gene regulation by mind-body interaction. *Journal of Alternative and Complementary Medicine, 11*(1), 29–39. https://doi.org/10.1089/acm.2005.11.29

Life and hope renewed. (2005). *The healing power of Falun Dafa*. Yih Chyun Corp.

Lindberg, D. A. (2005). Integrative review of research related to meditation, spirituality, and the elderly. *Geriatric Nursing, 26*(6), 372–377. https://doi.org/10.1016/j.gerinurse.2005.09.013

Lio, M., Hu, Y., He, M., Huang, L., Chen, L., & Cheng, S. (2003). *The effect of practicing qigong on health status: A case study of Falun Dafa practitioners in Taiwan*. [Unpublished research]. National Taiwan University.

Lord Byron, G. G. (1819). The Works of Lord Byron, *Poetry Volume 6*. Retrieved February 16, 2016, from http://www.gutenberg.org/files/18762/18762-h/18762-h.htm#Page_143

Lowe, S. (2003). Chinese and international contexts for the rise of Falun Gong. *Nova Religio: The Journal of Alternative and Emergent Religions, 6*(2), 263–276. https://doi.org/10.1525/nr.2003.6.2.263

Maciocia, G. (1989). *The foundations of Chinese medicine*. Churchill Livingston.

MacLennan, A. H., P Myers, S., & Taylor, A. W. (2006). The continuing use of complementary and alternative medicine in South Australia: Costs and beliefs in 2004. *The Medical Journal of Australia, 184*(1), 27–31. https://doi.org/10.5694/j.1326-5377.2006.tb00092.x

Madsen, R. (2000). Understanding Falun Gong. *Current History: A Journal of Contemporary World Affairs*, 99(638), 243–247.

Mamtani, R., & Cimino, A. (2002). A primer of complementary and alternative medicine and its relevance in the treatment of mental health problems. *Psychiatric Quarterly, 73*(4), 367–381. https://doi.org/10.1023/A:1020472218839

Mao, J. J., Farrar, J. T., Xie, S. X., Bowman, M. A., & Armstrong, K. (2007). Use of complementary and alternative medicine and prayer among a national sample of cancer survivors compared to other populations without cancer. *Complementary Therapies in Medicine, 15*(1), 21–29. https://doi.org/10.1016/j.ctim.2006.07.006

Marlatt, G. A., & Kristeller, J. L. (1999). Mindfulness and meditation. In W. R. Miller (Ed.), *Integrating spirituality into treatment: Resources for practitioners.* (pp. 67–84): American Psychological Association.

Matas, D. (2009). Why Chinese communists repress Falun Gong. *Remarks delivered to an International Conference on Religious Freedom in China, European Parliament*. Brussels. http://www.david-kilgour.com/2009/Apr_14_2009_01.php

Matas, D., & Cheung, M. (2012). Concepts and precepts: Canadian tribunals, human rights and Falun Gong. *Canadian Journal of Human Rights, 1*(1), 61–91. https://cjhr.ca/articles/vol-1-no-1-2012/concepts-and-precepts-canadian-tribunals-human-rights-and-falun-gong/

Matas, D., & Kilgour, D. (2006). Report into allegations of organ harvesting of Falun Gong practitioners in China. Ottawa, Canada.

Matas, D., & Kilgour, D. (2007). Bloody harvest: Revised report into allegations of organ harvesting of Falun Gong practitioners in China. Ottawa, Canada.

Matas, D., & Kilgour, D. (2009). *Bloody harvest: The killing of Falun Gong for their organs* (5th ed.). Seraphim Editions.

Matas, D., & Trey, T. (Eds.). (2012). *State organs: Transplant abuse in China*. Seraphim Editions.

McCown, D. (2004). Cognitive and perceptual benefits of meditation. *Seminars in Integrative Medicine, 2*(4), 148–151. https://doi.org/10.1016/j.sigm.2004.12.001.

McCoy, W. F., & Zhang, L. (Eds.). (n.d.). *Falun Gong stories: A journey to ultimate health* (1st ed.). Golden Lotus Press.

McGreevey, S. (2012). Meditation's positive residual effects: Imaging finds different forms of meditation may affect brain structure. *Harvard Gazette*. Retrieved from http://news.harvard.edu/gazette/story/2012/11/meditations-positive- residual-effects/

McHorney, C. A., Ware, J. E., Lu, R. J. F., & Sherbourne, C. D. (1994). The MOS 36-Item Short-Form Health Survey (SF-36): III. Tests of data quality, scaling assumptions, and reliability across diverse patient groups. *Medical Care, 32*(1), 40–66. http://doi.org/10.1097/00005650-199401000-00004

Mearns, D., & Thorne, B. (2007). *Person-centred counselling in action* (3rd ed.). Sage Publications.

Mehta, D. H., Phillips, R. S., Davis, R. B., & McCarthy, E. P. (2007). Use of complementary and alternative therapies by Asian Americans: Results from the National Health Interview Survey. *Journal of General Internal Medicine, 22*(6), 762–767. https://doi.org/10.1007/s11606-007-0166-8

Melville, G. W., Chang, D. C., Colagiuri, B., Marshall, P. W., & Cheema, B. S. (2012). Fifteen minutes of chair-based yoga postures or guided meditation performed in the office can elicit a relaxation response. *Evidence-Based Complementary and Alternative Medicine*, vol. 2012, Article ID 501986. https://doi.org/10.1155/2012/501986

Merry, T. (2002). *Learning and being in person-centred counselling* (2nd ed.). PCCS Books.

Miles, M. B., & Huberman, A. M. (1994). *Qualitative data analysis: An expanded sourcebook* (2nd ed.). Sage Publications.

Minghui.org Editors. (2001a). *Editorial: Send forth righteous thoughts again*. http://en.minghui.org/html/articles/2001/5/28/10449.html

Minghui.org Editors. (2001b). *The two hand positions for sending forth righteous thoughts*. http://en.minghui.org/emh/articles/2001/6/12/11429.html

Minghui.org Editors. (2005). *Editorial: The essentials to sending forth righteous thoughts and the schedule for sending forth righteous thoughts at set times around the world* (Update 2). http://en.minghui.org/html/articles/2005/3/12/58362.html

Myers, J. E., & Sweeney, T. J. (Eds.). (2005). *Counseling for wellness: Theory, research, and practice*. American Counseling Association.

Myers, J. E., Sweeney, T. J., & Witmer, J. M. (2000). The Wheel of Wellness counseling for wellness: A holistic model for treatment planning. *Journal of Counseling & Development, 78*, 251–266. https://doi.org/10.1002/j.1556-6676.2000.tb01906.x

Nania, J. (2013, April 23). Falun Gong, popular and serene. *The Epoch Times*. http://www.theepochtimes.com/n3/21898-falun-gong-popular-and-serene/

NCCIH. (2008). *Complementary, alternative, or integrative health: What's in a name?* National Center for Complementary and Integrative Health. https://nccih.nih.gov/health/integrative-health

NCCIH. (2009a). *Tai chi and qigong: In depth*. National Center for Complementary and Integrative Health. https://nccih.nih.gov/health/taichi

NCCIH. (2009b). *The use of Complementary and Alternative Medicine in the United States: Cost data*. National Institutes of Health. https://files.nccih.nih.gov/s3fs-public/NHIS_costdata.pdf

NCCIH. (2015). *National survey reveals widespread use of mind and body practices, shifts in use of natural products*. National Center for Complementary and Integrative Health. https://nccih.nih.gov/research/results/spotlight/0021015

Newport, F. (2011). *More Than 9 in 10 Americans continue to believe in God*. Gallup. http://www.gallup.com/poll/147887/Americans-Continue-Believe-God.aspxx

NHMRC. (2007). *National statement on ethical conduct in human research - updated 2018*. National Health and Medical Research Council. https://www.nhmrc.gov.au/about-us/publications/national-statement-ethical-conduct-human-research-2007-updated-2018

Ospina, M. B., Bond, K., Karkhaneh, M., Buscemi, N., Dryden, D. M., Barnes, V., et al. (2008). Clinical trials of meditation practices in health care: Characteristics and quality. *Journal of Alternative & Complementary Medicine, 14*(10), 1199–1213. https://doi.org/10.1089/acm.2008.0307

Ownby, D. (2000, December 20). Falungong as a cultural revitalization movement: An historian looks at contemporary China. *Transnational China Project Commentary*. http://www.ruf.rice.edu/~tnchina/commentary/ownby1000.html

Ownby, D. (2001). Falungong and Canada's China policy. *International Journal, 56*(2), 183–204. https://doi.org/10.1177/002070200105600201

Ownby, D. (2003a). A history for Falun Gong: Popular religion and the Chinese state since the Ming Dynasty. *Nova Religio: The Journal of Alternative and Emergent Religions, 6*(2), 223–243. https://doi.org/10.1525/nr.2003.6.2.223

Ownby, D. (2003b). The Falun Gong in the new world. *European Journal of East Asian Studies, 2*(2), 303-320. https://www.jstor.org/stable/i23615133

Ownby, D. (2005). Unofficial religions in China: Beyond the Party's rules - Statement of Professor David Ownby. Retrieved December 25, 2009, from https://www.cecc.gov/events/roundtables/unofficial-religions-in-china-beyond-the-partys-rules

Ownby, D. (2008). *Falun Gong and the future of China.* Oxford University Press.

Oxford Dictionary. (2005). *Oxford Dictionary of English* (2nd ed.). In C. Soanes & A. Stevenson (Eds.), Oxford University Press.

Oz, M. C. (2003, January 20). Medical Meditation: Say "Om" before surgery. *Time Magazine, US ed., Special Issue: How your mind can heal your body, 161,* 1-2.

Palmer, D. (2007). *Qigong fever.* Columbia University Press.

Palmer, S. J. (2003). From healing to protest: Conversion patterns among the practitioners of Falun Gong. *Nova Religio: The Journal of Alternative and Emergent Religions, 6*(2), 348-364. https://doi.org/10.1525/nr.2003.6.2.348

Parker, N. (2004). What is Falun Gong? An introduction to the practice and how it developed in China and around the world. *Compassion Magazine, 5,* 40-43.

Peach, H. G. (2003). Religion, spirituality and health: How should Australia's medical professionals respond? *The Medical Journal of Australia, 178*(2), 86-88. https://doi.org/10.5694/j.1326-5377.2003.tb05071.x

Pelletier, K. R. (2002). Mind as healer, mind as slayer: MindBody medicine comes of age. *Advances in Mind-Body Medicine, 18*(1), 4-15.

Penny, B. (2003). The life and times of Li Hongzhi: Falun Gong and religious biography. *The China Quarterly, 175,* 643-661. https://doi.org/10.1017/S0305741003000389.

Penny, B. (2005). The Falun Gong, Buddhism and "Buddhist qigong." *Asian Studies Review, 29*(1), 35-46. https://doi.org/10.1080/10357820500139513

Penny, B. (2012). *The religion of Falun Gong.* The University of Chicago Press.

Perez-De-Albeniz, A., & Holmes, J. (2000). Meditation: Concepts, effects and uses in therapy. *International Journal of Psychotherapy, 5*(1), 49-58. https://doi.org/10.1080/13569080050020263

Philips, J. (2013). Facing discrimination in New York, Chinese stand for persecuted faith. *The Epoch Times.* http://www.theepochtimes.com/n3/710012-facing-discrimination-in-ny-chinese-stand-for-persecuted-faith/?photo=2

Porter, N. (2003). *Falun Gong in the United States: An ethnographic study*. Dissertation.com. https://scholarcommons.usf.edu/etd/1451/

Porter, N. (2005). Professional practitioners and contact persons: Explicating special types of Falun Gong practitioners. *Nova Religio: The Journal of Alternative and Emergent Religion, 9*(2), 62–83. https://doi.org/10.1525/nr.2005.9.2.062

Pullen, L. C. (2000). CBS health watch: Three part series on Falun Dafa. http://en.minghui.org/emh/articles/2000/4/17/8467p.html

Qi, X. (2012, May 9). How the Chinese Communist Party first split on Falun Gong. *The Epoch Times*. https://www.theepochtimes.com/how-the-chinese-communist-party-first-split-on-falun-gong_1485561.html

Rankin, L. (2013). *Mind over medicine: Scientific proof that you can heal yourself* (1st ed.). Hay House, Inc.

Reynolds, E. (2015, April 8). China's other big business: Harvesting organs from prisoners when they're still alive. *News.com.au*. https://www.news.com.au/entertainment/tv/chinas-other-big-business-harvesting-organs-from-prisoners-when-theyre-still-alive/news-story/8d7949f6f-c4ac5500643cfed28ddda6a

Ricard, M., Lutz, A., & Davidson, R. J. (2014, October 14). Neuroscience reveals the secrets of meditation's benefits. *Scientific American, 311*, 13. http://www.scientificamerican.com/article/neuroscience-reveals-the-secrets-of-meditation-s-benefits/

Robertson, L. A. (2008). *The spiritual competency scale: A comparison to the ASERVIC spiritual competencies*. [Unpublished PhD dissertation]. The University of Central Florida.

Rogers, C. E., Larkey, L. K., & Keller, C. (2009). A review of clinical trials of Tai Chi and qigong in older adults. *Research Western Journal of Nursing, 31*(2), 245–279. https://doi.org/10.1177/0193945908327529

Rogers, C. R. (1951). *Client-centered therapy: Its current practice, implications, and theory* (1965 paperback ed.). Houghton Mifflin Company.

Rogers, C. R. (1961). *On becoming a person: A therapist's view of psychotherapy* (1st ed.). Constable & Company Ltd.

Sancier, K. M. (1996). Medical applications of qigong. *Alternative Therapies in Health and Medicine, 2*(1), 40–46.

Sancier, K. M. (1999). Therapeutic benefits of qigong exercises in combination with drugs. *Journal of Alternative and Complementary Medicine, 5*(4), 383–389. https://doi.org/10.1089/acm.1999.5.383

Sandelowski, M. (2000). Combining qualitative and quantitative sampling, data collection, and analysis techniques in mixed-method studies. *Research in Nursing and Health, 23*(3), 246–255.

Sandlund, E. S., & Norlander, T. (2000). The effects of Tai Chi Chuan relaxation and exercise on stress responses and well-being: An overview of research. *International Journal of Stress Management, 7*(2), 139–149. https://doi.org/10.1023/A:1009536319034

Schopen, A., & Freeman, B. (1992). Meditation: The forgotten Western tradition. *Counseling and Values, 36*(2), 123–134. https://doi.org/10.1002/j.2161-007X.1991.tb00969.x

Selhub, E. (2007). Mind-body medicine for treating depression: Using the mind to alter the body's response to stress. *Alternative and Complementary Therapies, 13*(1), 4–9. https://doi.org/10.1089/act.2007.13107

Seligman, M. (2008, February). Martin Seligman: *The new era of positive psychology*. [Video file]. Ted.com. Retrieved from January 31, 2013, from https://www.ted.com/talks/martin_seligman_the_new_era_of_positive_psychology

Shallcross, L. (2012). Where East meets West. *Counseling Today, 55*(4), 28–37.

Shapiro, S. L., Schwartz, G. E., & Bonner, G. (1998). Effects of Mindfulness-Based Stress Reduction on medical and premedical students. *Journal of Behavioural Medicine, 21*(6), 681–599. https://doi.org/10.1023/A:1018700829825

Sharif, F., & Masoumi, S. (2005). A qualitative study of nursing student experiences of clinical practice. *BMC Nursing, 4*(6). https://doi.org/10.1186/1472-6955-4-6

Shorofi, S. A., & Arbon, P. (2009). Complementary and alternative medicine (CAM) among hospitalised patients: An Australian study. *Complementary Therapies in Clinical Practice, 16*(2), 86–91. https://doi.org/10.1016/j.ctcp.2009.09.009

Singer, R. (2006). *Mindfulness meditation in Western society*. Ezinearticles. http://ezinearticles.com/?-Mindfulness-Meditation-in-Western-Society&id=228788

Singh, A. N. (2006, April). *Role of yoga therapies in psychosomatic disorders*. Presented at the International Congress Series; Proceedings of the 18th World Congress on Psychosomatic Medicine, August 21-26, 2005, Kobe, Japan. https://doi.org/10.1016/j.ics.2005.11.096

Skoro-Kondza, L., Tai, S. S., Gadelrab, R., Drincevic, D., & Greenhalgh, T. (2009). Community based yoga classes for type 2 diabetes: An exploratory randomised controlled trial. *BMC Health Services Research, 9*(33). https://doi.org/10.1186/1472-6963-9-33

Smith, B. J., Tang, K., & Nutbeam, D. (2006). WHO health promotion glossary: New terms. *Health Promotion International, 21*(4), 340–345. https://doi.org/10.1093/heapro/dal033

Smith, C., Hancock (Mattner), H., Blake-Mortimer, J., & Eckert, K. (2007). A randomised comparative trial of yoga and relaxation to reduce stress and anxiety. *Complementary Therapies in Medicine, 15*(2), 77–83. https://doi.org/10.1016/j.ctim.2006.05.001

Smith, L. (2009). Tragedy Heralds New Beginning. NTDTV production. http://www.ntd.tv/en/news/life/20090514/45411-tragedy-heralds-new-beginning.html

Spiegel, M. (2002). *Dangerous Meditation: China's campaign against Falungong*. Human Rights Watch.

Stanard, R., Sandhu, D., & Painter, L. (2000). Assessment of spirituality in counseling. *Journal of Counseling and Development, 78*(2), 204-210. https://doi.org/10.1002/j.1556-6676.2000.tb02579.x

Stone, K. [Director], Silber, I., [Writer], & Rubacek, K. [Producer]. (2015). *Hard to believe* [Documentary film]. Swoop Films.

The Epoch Times. (2004a). *Nine Commentaries on the Communist Party*. Yih Chyun Corp.

The Epoch Times. (2004b). On the collusion of Jiang Zemin and the communist party to persecute Falun Gong. In *Nine Commentaries on the Communist Party* (pp. 115-147). Yih Chyun Corp.

Tourangeau, R., Couper, M. P., & Steiger, D. M. (2003). Humanizing self-administered surveys: Experiments on social presence in web and IVR surveys. *Computers in Human Behavior, 19*(1), 1–24. https://doi.org/10.1016/S0747-5632(02)00032-8

Turnbull, K. (2010, Spring). An inside job. *Bendigo Magazine*, Australia.

Upchurch, D. M., Chyu, L., Greendale, G. A., Utts, J., Bair, Y. A., Zhang, G., et al. (2007). Complementary and alternative medicine use among American women: Findings from the National Health Interview Survey, 2002. *Journal of Women's Health, 16*(1), 102–113. https://doi.org/10.1089/jwh.2006.M074

VandenBos, G. R. (2007). *APA Dictionary of Psychology*. In G. R. VandenBos (Ed.), (1st ed.). American Psychological Association.

Voukelatos, A., Cumming, R. G., Lord, S. R., & Rissel, C. (2007). A randomized, controlled trial of Tai Chi for the prevention of falls: The Central Sydney Tai Chi trial. *Journal of the American Geriatrics Society, 55*(8), 1185–1191. https://doi.org/10.1111/j.1532-5415.2007.01244.x

Wallis, C. (2005, January 17). The new science of happiness. *Time Magazine*, 43–49.

Walsh, R. (1989). Asian psychotherapies. In R. J. Corsini & D. Wedding (Eds.), *Current Psychotherapies* (4th ed., pp. 547–559). F. E. Peacock Publishers, Inc.

Walsh, R., & Bugental, J. (2005). Long-term benefits from psychotherapy: A 30- year retrospective by client and therapist. *Journal of Humanistic Psychology, 45*(4), 531–542. https://doi.org/10.1177/0022167805280266

Walsh, R., & Vaughan, F. (Eds.). (1993). *Paths beyond ego: The transpersonal vision*. Jeremy P. Tarcher/Perigee.

Wang, Q., Li, N., Zheng, L., Qu, e., Tian, X., & Jing, L. (1998). The effect of Falun Gong on healing illnesses and keeping fit: A sampling survey of practitioners from Beijing Zizhuyuan Assistance Center. Retrieved February 28, 2009, from http://en.minghui.org/eng/science_eng/survey98_2eng.htm

Ware Jr., J. E. (2000). SF-36 health survey update. *Spine, 25*(24), 3130–3139.

Ware Jr., J. E., & Sherbourne, C. D. (1992). The MOS 36-Item Short-Form Health Survey (SF-36): I. Conceptual framework and item selection. *Medical Care, 30*(6), 473–483.

Wessinger, C. (2003). Falun Gong symposium introduction and glossary. *Nova Religio: The Journal of Alternative and Emergent Religions, 6*(2), 215–222. https://doi.org/10.1525/nr.2003.6.2.215

Williams, D. R., & Sternthal, M. J. (2007). Spirituality, religion and health: Evidence and research directions. *The Medical Journal of Australia, 186*(10), S47–S50. https://doi.org/10.5694/j.1326-5377.2007.tb01040.x

Wilson, L. (2011). *Retracing, healing reactions and flare-ups.* Moses Nutrition. http://www.mosesnutrition.com/forms_and_articles/retracing-healing-reactions-or-flare-ups/

Winseman, A. L. (2002a). *Religion and gender: A congregation divided.* Gallup. http://www.gallup.com/poll/7336/Religion-Gender-Congregation-Divided.aspx

Winseman, A. L. (2002b). *Religion and gender: A congregation divided, Part II.* Gallup. http://www.gallup.com/poll/7390/Religion-Gender-Congregation-Divided-Part.aspx

Winseman, A. L. (2003). *Spiritual commitment by age and gender.* Gallup. http://www.gallup.com/poll/7963/Spiritual-Commitment-Age-Gender.aspx

World Health Organization. (2003). *The World Health Organization: Definition of health.* https://8fit.com/lifestyle/the-world-health-organization-definition-of-health/

World Health Organization. (2007). *Mental health: Strengthening mental health promotion.* https://mindyourmindproject.org/wp-content/uploads/2014/11/WHO-Statement-on-Mental-Health-Promotion.pdf

World Organization to Investigate the Persecution of Falun Gong (WOIPFG). (2004). *Investigation report on the persecution of Falun Gong: Volume 1* (2nd ed.).

World Organization to Investigate the Persecution of Falun Gong. (2014). *WOIPFG Releases the first list of medical personnel suspected of extracting organs from living Falun Gong practitioners (report).*

World Organization to Investigate the Persecution of Falun Gong. (2015). *Chapter Five: A comprehensive data analysis indicates the number of liver and kidney transplants performed by Chinese hospitals is significantly larger than previously understood.* https://www.upholdjustice.org/node/291

Wu, P. , Fuller, C., Liu, X., Lee, H.-C., Fan, B., Hoven, C. W., et al. (2007). Use of complementary and alternative medicine among women with depression: Results of a national survey. *Psychiatric Services, 58*(3), 349–356. https://doi.org/10.1176/appi.ps.58.3.349

Xia, C. (2014). Artist experiences miracles of Falun Dafa. Retrieved December 5, 2014, from http://en.minghui.org/html/articles/2014/11/23/147009.html

Xie, F. T., & Zhu, T. (2004). *Ancient wisdom for modern predicaments: The truth, deceit, and issues surrounding Falun Gong.* Presented at the American Family Foundation Conference, October 17-18, 2003. *Cultic Studies Review.* http://franktianxie.blog.epochtimes.com/article/show?articleid=4511

Xu, J. (1999). Body, discourse, and the cultural politics of contemporary Chinese Qigong. *The Journal of Asian Studies, 58*(4), 961–991. http://dx.doi.org/10.2307/2658492

Xue, C. C., Zhang, A. L., Lin, V., Da Costa, C., & Story, D. F. (2007). Complementary and Alternative Medicine use in Australia: A national population-based survey. *The Journal of Alternative and Complementary Medicine, 13*(6), 643–650. https://doi.org/10.1089/acm.2006.6355

Yahiya, A. P. D. H. N. (2010). Effectiveness of the Falun Dafa exercises on some psychological skills, and the level of performance in the sport of judo. *Procedia Social and Behavioral Sciences, 5*, 2394–2397. https://doi.org/10.1016/j.sbspro.2010.07.469

Yang, J. D., & Nania, J. (2001). Falun Dafa: *Health benefits, anti-aging, and beyond.* Pure Insight. https://www.pureinsight.org/node/154

Yeager, D. M., Glei, D. A., Au, M., Lin, H.-S, Sloan, R. P., & Weinstein, M. (2006). Religious involvement and health outcomes among older persons in Taiwan. *Social Science & Medicine, 63*(8), 2228–2241. https://doi.org/10.1016/j.socscimed.2006.05.007

Young, M. (2012, May 24th). Chinese Leader's Fear Turned Country Inside Out. *The Epoch Times.* https://www.theepochtimes.com/chinese-leaders-fear-turned-country-inside-out_1485111.html

Young, M. (2013, February 20th). Political campaign in China threatens to undo its makers. *The Epoch Times.* https://www.theepochtimes.com/political-campaign-in-china-threatens-to-undo-its-makers_4254.html

Zhang, R., & Xiao, J. (1996). *A report on the effect of Falun Gong in curing diseases and keeping fit based on a survey of 355 cultivators of Falun Gong at certain sites in Beijing, China.* http://www.falundafa-pa.net/survey/survey96_e.pdf

更新徵引文獻

Behrens, A. (2017). Falun Gong in der Schule—Motive, *Umsetzungsformen, und Erfahrungen* (Falun Gong in schools—motives, implementation forms, and experiences). Master's thesis. University of Hildesheim, Germany. https://www.researchgate.net/publication/318300324_Falun_Gong_in_der_Schule_-_Motive_Umsetzungsformen_und_Erfahrungen

Bendig, B. W. (2013). *Cognitive and physiological effects of Falun Gong qigong*. [Doctoral dissertation, University of California, Los Angeles]. ProQuest ID: Bendig_ucla_0031D_11049. https://escholarship.org/uc/item/4899m047

Bendig, B. W., Shapiro, D., & Zaidel, E. (2020). Group differences between practitioners and novices in hemispheric processing of attention and emotion before and after a session of Falun Gong qigong. *Brain and Cognition, 138,* 105494. https://doi.org/10.1016/j.bandc.2019.105494

Cheung, M., Trey, T., Matas, D., & An, R. (2018). Cold Genocide: Falun Gong in China. *Genocide Studies and Prevention: An International Journal, 12* (1), 38–62. https://doi.org/10.5038/1911-9933.12.1.1513

Gutmann, E. (2014). *The slaughter: Mass killings, organ harvesting, and China's secret solution to its dissident problem.* Prometheus Books.

Trey, M. (2016). The study of the health-wellness effects of Falun Gong: Applications to counseling. *Spirituality and counseling issues: Vistas 2016, Article 25.* http://www.counseling.org/docs/default-source/vistas/article_2558c224f16116603abcacff0000bee5e7.pdf?sfvrsn=6

Trey, M. (2017). Falun Gong and its applications to counseling: Case examples. *Vistas* 2017, Article 51. https://www.counseling.org/docs/default-source/vistas/falun_gong.pdf?sfvrsn=4

Trey, M. (2017). *With wings, will fly: A spiritually integrated approach with Falun Gong.* Paper presented at the 2nd International Conference on Spirituality and Psychology, March 13–15, 2017. Bangkok, Thailand.

Trey, M. (2017). *Hearts Uplifted Project: Documenting lived experiences of Falun Gong practitioners to examine their health, wellness, and resilience.* (Unpublished research).

Trey, M. (2017). *Changing perceptions: An integrated approach with Falun Gong.* Presented at The International Conference on Social and Behavioral Sciences, August 14, 2017. Singapore.

Trey, M. (2018). Changing perceptions: An integrative approach with Falun Gong. *Advance Science Letters*, *24* (5), pp. 3469-3474. https://doi.org/10.1166/asl.2018.11414

Trey, M. (2018). *Therapy sans therapists: Overcoming anxiety, depression, and post-traumatic stress disorder with Falun Gong*. Invited to present at the 3rd International Conference on Spirituality and Psychology, March 13-15, 2018. Bangkok, Thailand as invited speaker.

Trey, M. (2020). *The effect of Falun Gong on Health and Wellness: As perceived by Falun Gong Practitioners*. Sibubooks LLC.

Trey, M., & Milner, C. (2017). A preliminary study exploring the extent Falun Gong practitioners who are health professionals integrate the practice with their work. [Unpublished raw data].

Trey, M., & Olatunji, C. (2019). *Use of Falun Gong to address traumatic stress among marginalized clients*. Invited to present at the 4th International Conference on Spirituality and Psychology, March 13–15, 2019. Bangkok, Thailand, as invited speakers.

Trey, M., & Olatunji, C. (2020). Use of Falun Gong to address traumatic stress among marginalized clients. In Lobera, I. J. (Ed.), *Psychosomatic Medicine*. IntechOpen. https://doi.org/10.5772/intechopen.93301

Won, X. (2017, October 25). Integrating Falun Gong into Western Counselling and Therapy. *The Epoch Times*.

Wu, S., Jiang, L., & Wang, J. (2017). From Relaxation Response, building power for health to an advanced self-cultivation practice: Genuine well-being. In Mollaoglu, M. (Ed.), *Well-being and Quality of Life—Medical Perspective*. IntechOpen. https://doi.org/10.5772/intechopen.68678

關於作者

攝影:Daniel Ulrich

瑪格麗特・特雷博士(Dr. Margaret Trey)是出生在馬來西亞沙撈越州的澳洲人,目前和她講意大利語的德國丈夫居住在美國紐約市以北風景優美的中哈德遜地區。受已故作家叔祖的啟發,她曾在多倫多大學主修英語,後移民澳洲,在南澳大學完成諮詢師培訓,獲得諮詢博士學位。特雷博士的成長經歷令她對傳統文化倍感親切。她的外祖父生於19世紀,是位修道者、治療師和醫生;享壽103歲的母親,教給她中國傳統文化的精神與智慧。特雷在1997年走入法輪功修煉之前,出於對古老智慧的景仰,學習過東方醫學、禪宗指壓法、印度和日本瑜伽、食物的陰陽,以及內觀禪修。家族傳統和對身、心、靈方法的信仰促使她用自己的整合諮詢方法去幫助別人。特雷在澳洲、加拿大、新加坡、泰國和美國的各種活動及國際會議上作過演講,也發表文字作品,以這些方式散播希望與正向的漣漪。

作為諮詢師、研究員、演講人的特雷博士,著有兩本書聚焦法輪功的身心健康功效,目前正在編寫她的第三本書。除此之外,她還在紐約州中城的兩所學府擔任教職。

訪問她的個人網站 https://margarettrey.com/,以了解她的故事,閱讀她對培養正向、健康生活方式的思考,並追蹤她的新書動態。

www.ingramcontent.com/pod-product-compliance
Lightning Source LLC
Chambersburg PA
CBHW020421010526
44118CB00010B/355